No.1コンサルタントが教える
20代の後悔しない働き方

小宮一慶

青春新書 PLAYBOOKS

30歳になってからでは、
間に合いません

20代で身につけておくべきこと❶ 思考力

CHART_1

たとえば

「弊社の不採算部門Aを、売却したい。新たに進出するB事業の有望な買収先を見つけたい。適切な相手を見つけ、うまくまとめてこられる人間はいないか？」

となったとき、手を挙げられるか？

←

バランスシートを読み込む／資産評価、業績評価をする／事業の成長予測をする。リスクを見極める／相手先の要望を推測し、予算内でまとめる

準備ができていない30代

……今から勉強していたのでは、とても間に合わない！

チャンスが来ても辞退するしかない

30代で「間に合わないので、できません」では、ただの「使えない人」

40代になっても「前例がある仕事を、右から左にこなす人」にしかなれない

ITの進化、グローバル化で、「その仕事は機械がやることになりました」

「C国にアウトソーシングすることになりました」となりかねない

20代からしっかり準備してきた30代

時間がある20代から勉強して「準備」していると

チャンスが来たときにつかめる

ビジネスのステージが上がり、学びが大きくなり、

さらに成長するスパイラルに入れる

本書で

「本質をつかむ思考力」を養う

- **「深く考える力」をつける**
- **世間のニーズに自分をフィットさせる**

CHART_2

20代で身につけておくべきこと 2

行動力

たとえば
「新規事業を立ち上げる」
となったとき
市場やライバルを綿密に調べ、
事業計画
マーケティング
資金計画
人員計画
はできたが、課題が残った。

◉この計画で本当にいいのか、
業界の先達にアドバイスを求めたい
◉規制の壁を越えなくてはいけない。

弁護士や会計士を交えた交渉のしかたが分からない
◉提携先に何をアピールし、
どういう提携計画を提案すればいいかが分からない

⟵

これらが解決できないと、
せっかくのプランも「画に描いた餅」

本書で

行動力を養う

▼努力を続ける力をつける
▼経験に投資する
▼人に強くなる

20代で身につけておくべきこと③

正しい考え方

正しい「考え方」は、学校も上司も教えてくれない。
世間では「間違った考え方」が、
さも正しいように言われている

↓

優秀な20代でも
間違った考え方をしているケースが多い！

↓

成功＝能力×熱意×考え方

（稲盛和夫「人が成功するための公式」）

——かけ算だから、考え方が間違っていると、
能力や熱意が優れているほど「大きく失敗する」！

×成長させてくれる会社に行きたい
×早く一人前になりたい
——それだけでは何が足りないかが理解できれば、
成功に近づける

本書で

「正しい考え方」を学ぶ
▼優秀な20代の落とし穴を知る
▼一人前は二流の別名と知る
▼「なれる最高の自分」になるための目標の立て方を知る

20代のうちに、あなたがこの本を手にとってくれて、本当に良かったです。

30歳でも遅すぎるとは言いませんが、やるべきことをやる時間が十分ではないかもしれません。

といっても、上司に言われたことを前例通りに、つまり右から左にこなすような仕事をそつなくこなして会社の中で居場所を確保できればいい、というのでしたらその限りではありません。

私は、もっと高いレベルの仕事を皆さんにして頂きたいと思っています。それにより、仕事を楽しめ、仕事で自己実現（＝なれる最高の自分になる）をして欲しいのです。そのためには、より高い次元の仕事をやらなければならないのです。前例がない仕事。どんなにＩＴが進化しても、「あなたでなければできない」と依頼が来るような、会社や世の中に大きく貢献できる仕事。そういう仕事に挑み、成果を出し続ける喜びを、皆さんにもぜひ味わって欲しいのです。

そして、本書の読者は、より高い喜びを求める読者だと思っています。本書では、このようなレベルの仕事をするための20代のすごし方について書きます。

さて、30代といえば、仕事の経験もある程度積み、肉体的にもまだ若さが残る頃。長い仕事人生の中でも心・技・体が揃い、最も力を発揮できる頃です。そして発揮しなければならない時期です。

ただ、その後、40歳を過ぎた辺りからは、身体的にはどうしても下り坂になる。人によっては親の介護や自らの病気など、仕事以外にも深刻な悩みも表出します。そして、40代は会社を動かすような仕事をする時期ですが、それは言うまでもなく、30代での働きや成果にかかっているわけです。30代で十分に実力を発揮できなかった人は、人生そのものを後悔することになるかもしれない、というわけです。

私は、経営コンサルタントとして20年弱にわたり、多くの会社の役員や顧問をつとめてきました。会員制でセミナーも行っていますから、その関係だけでも350社以上の経営者との付き合いもあります。それ以前は、メガバンクやベンチャー企業などにつとめて、サラリーマンの実情も見てきました。企業規模や業種を問わず、優れたビジネスパーソンは、30代で必ず頭角を現すものです。

30代で芽が出なかった人は、大部分の人は残念ながら、やはりそれなりで終わります。「ああすればよかった」「もっとこうすればよかった」と後悔の念を抱きながら――厳しいようですが、これが現実です。

では、人生を後悔しないためにはどうすればいいのでしょう？

30代でビジネスパーソンとして開花するには、どうすればいいのでしょうか？

答えは、その〝助走期〟にあります。

いまあなたが立つ、20代を充実させ、しっかりとその時に備え準備しておくのです。

結論から言うと、3つです。

「思考力」、「行動力」、「正しい考え方」を身につけることです。どれも学校や上司は教えてくれません。ふつうに仕事をしているだけでは到底、十分には身につかないものです。

まず**「思考力」**が不可欠なのは、世の中が複雑化・グローバル化し、スピードアップしたからです。

社会が成熟し、人々のニーズは多様化しています。どんな商品やサービスを求められているのか。企業として何をするべきか、止めるべきか、世の中がどんどん複雑化する中で、ずっと分かりにくくなった。あらゆる答えは一つではなくなった。もともと、経営には絶対的な、マニュアル的な「正解」がない中で、それを見つけ出すのが、さらに難しくなっているということです。

またITの進化により、グローバル化はビジネスの国境を限りなく低くしつつあります。

こういう時代を背景に重要度を増してきた仕事として、M&Aがあるでしょう。ケースとしても、かつてなく増えています。もはやそれと無縁でいられる業界のほうが珍しいでしょう。

私は、30代前半の銀行員時代に、M&Aのアドバイス業務を行っていました。日本企業が海外企業を買収する案件がほとんどでしたが、語学のみならず、財務、会計、法律、そして何よりも企業戦略などの知識がないと理解できない業務です。

かといって、入社間もない社員に、

「弊社の不採算部門を売却したい。適当な相手を見つけて、うまくまとめてきてくれ」

などと命じる会社はありません。新規事業の立ち上げも同じです。

しかし、30代になると話は別です。こういう「大きな仕事」を命じられるようになる。正確には、応分の実力があると評価されていなければ命じられないし、かりに何かの間違いで命じられそうになっても「私にはできません」と辞退するか、しくじって大きなマイナス点がつくしかなくなるわけです。

もちろん、すべてのことに精通している必要はありませんが、少なくとも弁護士や会計士、あるいは私たちのようなコンサルタントのアドバイスを十分に理解する能力は必要です。

私には**「チャンスは、準備してきた人にしか活かせない」**という持論があります。準備ができていない人に大役は任せられませんし、こなせません。

30代になって、会社にM＆Aの必要が生じたときに「これから勉強します」では到底間に合わないのです。**私なら間違いなく、20代から準備してきた人に任せます。少なくとも、その素養や基礎力の十分にある人に任せます。言われてみれば、当たり前の話ですね。**

複雑な仕事を成し遂げるには、全体像を正確に理解し、かつ本質をつかむ思考力が不可欠になります。

「前例」も、昔のようにはあてになりません。逆に、前例で何とかなるような仕事は大した仕事ではありません。複雑な状況の中から本質を見つけ出し、自らの頭を使って新たな「解」を導き出す。そんな考える力が、またその礎となるような知識と知恵が、成功するビジネスパーソンには必要不可欠になっているのです。こうした根源的な考える力は、頭の柔らかい若いときに訓練し、習慣にしないと身につきません。

ビジネススクールで学ぶようなフレームワークや戦略思考は、あくまでこの「思考力」を効率よく動かすためのツールでしかないことも覚えておいてください。思考力がないと、フレームワークだけを知っていてもどうにもならないのです。

たとえば**マッキンゼーは、フレームワークを当てはめたような「きれいな解」を好む志望者を採用しません。**

考える力を見て採用しているのです。知識や記憶力で対応できるようならコンサルタントは必要ありません。それは、マニュアルで会社を経営できると言っているのと同じです。世の中がさらに複雑化するので、この傾向は今後ますます強まりこそすれ、逆行することはありません。

ここで、注意することがあります。駅の自動改札機やコンビニでの決済など、「表面的な」

日常生活は、便利に、より簡単になっています。これは、世の中そのものが簡単になっていることとは違うのです。表面的な暮らしをしているだけなら、思考力は以前より、ずっと必要ない、言い方を換えれば、より単純な頭脳でも生きて行ける時代なのです。ですから、普通に生活していると、思考力は、どんどん退化していきます。

しかし、そのシステムを考えている人や、それを経営している人たちの思考力はより高度化しているのです。世の中の本質的な部分は、複雑化しているからです。ですから、成功するビジネスマンには、これまで以上の思考力が必要だという認識が必要です。

思考力の鍛え方は、後に説明します。

2つめの**「行動力」**は、思考力と対を成して必要となるものです。

いくら頭で知恵を絞っても、手を動かさなければ世の中は1ミリも動かない。行動する力、実行する勇気、そして、結果を出すことがなければ、思考力も無用の長物となりかねません。これも好奇心と体力のある20代の頃にこそ、身につけておきたい習慣です。若い頃から行動力のない人は、年をとればとるほど、行動が億劫になるからです。

加えて、過去を後悔する人のセリフを、よく思い出してください。

「ああすればよかった」「こうすればよかった」――。

過去は変えられません。今を変えて、未来を変えるしかないのです。もちろん、無謀な行動は避けなければなりませんが、慎重に考えた上で行動したことを後悔することは実に少ないものです。**人は〝行動しなかったこと〟を後悔する場合がほとんど。**つまり、行動力なき人物は、後悔する可能性が高い人なのです。

3つ目は、**「正しい考え方」**を身につけることです。「思考力」に比べて、インパクトがなく、たいして重要でないように思えるかもしれません。

しかしそこが落とし穴です。

先にも示したように、稲盛和夫さんは、「能力×熱意×考え方」が成功を決めるとおっしゃっています。そして、能力と熱意はゼロ点から100点まであるが、**考え方はマイナス100点からプラス100点まである**ともおっしゃっています。つまり、どれだけ能力や熱意があっても、考え方が間違っていると、大きなマイナスになるということです。

ここでいう「正しい考え方」とは、多くの人が長い間「正しい」と言ってきたことです。

私は、私のセミナーに来られる経営者たちに、『論語』や『老子』などの中国の古典や、仏教書、あるいは聖書など、何千年もの間、多くの人が生き方の頼りにしてきた本を読んでくださいとお願いしています。成功するためには、ひとりよがりではなく、普遍的な価値観が必要なのです。

世の中には、「間違った考え方」があふれています。「正しい考え方」を知らないばかりに、失敗している人も少なくありません。さらには、生き方に加えて、ビジネス成功のための正しい考え方も必要です。間違った努力をしている方は非常に多いのです。

「仕事を速く、正確にこなすようにガムシャラに頑張っていれば、間違いはない」
「就活や転職では〝自分を成長させてくれる会社〟を見極めるのがポイントだ」
「個人が成果をあげれば、会社の売上はついてくる」

――一見、意識が高く思われがちなこうした行動は、すべて「間違った考え方ゆえの間違った努力」です。この努力をいくら続けても報われません。そのくらい、考え方は大事なのです。

右の3つは、実はどれも「自己中」(自己中心的)という共通の間違いを犯しています(本文で詳しく、どこが自己中なのかを説明します)。

私は顧問先の企業の人事採用の戦略もお手伝いしますし、私自身も10人ほどの小さな会社を経営しているので、私の経験から忠告しておきます。
そうした自己中心的な**〝間違った努力〟を続ける意識だけ高いビジネスパーソンを、経営者や人事担当者は、最も嫌います。**そんな自己中心的な人物は会社に貢献してくれないことを知っているし、会社の未来を託すこともできないと考えるからです。会社が求めているのは、あなたの「貢献」だからです。

裏を返すと、**経営者や人事部は常にビジネスパーソンを〝値踏み〟しています。**
競争が激しい今の時代、会社に貢献してくれる若い人材、未来を託したくなるような優れた20代は、常に他社も欲しい人材で、ヘッドハントの的になります。しっかりと抱え込んでおかないと、会社にとって、何より大きな損失になることを、よく理解しているからです。

こうした「選ぶ側」の視点を、20代のビジネスパーソンの方々にぜひお伝えしたい。ずっとそう考えていました。
今の若い方々はとても素直で、地頭もいい。しかし、こうした経営者側が何を求めているか、お客さまが何を求めているか、といった「他人目線」を持つことが苦手なように思えます。

もっと言えば、社会の視点をもてる人が成功する人なのです。

「他人目線」があれば、20代で何を身につけることが、自分の価値を高めるか、すぐに分かります。


ここで述べた、「思考力」「実行力」「正しい考え方」の三つを身につけ、20代のうちに成長の角度を少しでも上げておけば、あなたの仕事人生の曲線は、きっと美しい右肩上がりを描くでしょう。

あらゆる経営者が欲しがる人材、世の中に求められる人材になれるでしょう。

つまり、30代で花開くことは間違いないでしょう。

ビジネスパーソンとして大成した30代のあなたが、自分が所属する会社を、産業を、そして日本とその未来を、より良くしていくことを期待してやみません。

50周年を迎えた東海道新幹線車内にて

小宮一慶

NO・1コンサルタントが教える
20代の後悔しない働き方

CONTENTS

CHAPTER 2

思考力 2

世間のニーズに自分をフィットさせる

PART2

プランを実行し結果につなげる「行動力」を養う

「20代を後悔している」例

「勉強や会議は好きだが、前例がなかったり、反対する人がいたり、ハードルが高い仕事だと思うと尻込みする人間になってしまった」

CHAPTER 3

行動力 ①

「努力を続ける力」をつける

CHAPTER 4

行動力 ②

経験に投資する

CHAPTER
5

行動力 ③

「人」に強くなる

PART3

自己チューを卒業し「正しい考え方」を学ぶ

○「20代を後悔している」例

「間違った方向に努力して、気がついたら残念な人になっていた」

CHAPTER 6

正しい考え方 ①

「優秀な20代」の落とし穴を知る

CHAPTER 7

正しい考え方 ②

「一人前」は二流の別名にすぎない

CHAPTER 8

正しい考え方 ③

「ブレない目標」が見つかる具体的な方法

本文デザイン　高橋明香（おかっぱ製作所）

PART 1

「本質をつかむ思考力」は、20代で身につけないと間に合わない

○

「20代を後悔している」例

「ルーティンワークを右から左に
速くやれるだけの30代に
なってしまった」

CHAPTER1

思考力

1

「深く考える力」を養う

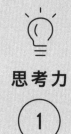

思考力 ①

SECTION_01

こういう「できる20代」を、会社は評価しない

「自分は仕事がデキるほうだと思う」「会社から、それなりに評価もされているはず」

あなたはこの本を手にとってくれた前向きな方ですから、そんな自負を少なからず抱いているかもしれませんね。そのこと自体はとてもすばらしいことです。が、それと同時に、大いなる落とし穴も、そこにあります。

駆け出しの20代の頃は、上司や先輩、あるいはお客さまから指示されたこと、あるいは依頼を正確に、素早くするだけで「仕事がデキる」と認められがちだからです。

しかし、それは、仕事の中身によっては、若い頃だけに通用する評価でしかないかもしれません。難しい仕事ならいざ知らず、右から左へこなすだけの仕事が若い頃には多いからです。**深くものを考えなくてもできる仕事が若い頃には多いのです。** しかし、それだけでは、今後の仕事ができるかどうかは分かりません。

なぜか？　それは、世の中は、本質的には「複雑系」だからです。単純ではないのです。

コンピュータの発達で、電車の自動改札機のように、「表面的な」日常生活は単純化されつつありますが、実際の世界はどんどん複雑化しているのです。

また、価値観も多様化しています。社会が成熟し、人の価値観は前よりずっと多様になりました。欲しいモノは人によって違う。モノなんて欲しくない人すら増えています。ほんの10年前まで「あそこなら間違いない」「入るだけで安泰」と言われていた企業や業界が、今や瀕死の状態です。そして破綻した会社もある一方、隆盛を誇っているところもあります。

ようするに、ビジネスにおいて、皆が求める分かりやすいニーズがなくなった。同時に技術の進歩により、ITに置き換えられる仕事もうんと増えました。将来はますます機械がする仕事が増えるでしょう。今、あなたがやっている仕事もそうかもしれませんね。単純作業の価値がどんどん下がっているという認識が必要です。社内でいえば、言われたことを素早く、正確にこなすだけでは、将来キャリアアップできないのです。

厳しい現代のビジネス環境においては、処理能力の高さだけでは、「仕事がデキる」と勘違いしてはいけないのです。20代のあなたが今立っているのは、そんな世界なのです。

20代を後悔しないために

▼

「右から左」のルーティンワークが速くできたくらいで満足しない

思考力 ①

SECTION_02

評価される20代の共通点

答えの見えない時代、何がビジネスで求められる能力なのか。

まず「思考力」です。

かつて答えが見えやすかった成長社会では、仕事はプラモデルづくりに近いものでした。パーツもすでに用意されていて、設計図どおり組み立てれば誰しも同じ完成品ができた。

しかし、いま求められているビジネスパーソンの仕事は粘土遊びに近い。設計図がなく、パーツもありません。答えがなく、前例が活かせない。思考をめぐらせて、手と頭をフルに動かしながら、混沌とした粘土をこねながら、新たな答えを創る必要があるわけです。

例えば、私は東京銀行にいた頃、M&Aの担当をした時期がありました。**M&Aはある企業の株式、あるいは事業を売買するわけですが、買い手と売り手が、「買いたい」「売りたい」と最初から意思表示しているとは限りません。**その状態から我々仲介者は「A社が持つあの事業は、B社が手がけたほうが相乗効果を発揮できる」「A社も売買で得た利益を本業に投資したほうがさらに伸びるに違いない」と想像し、互いをマッチングする提案をするのです。思考力と想像力だけを頼りに二社の新たな発展を産み出す、マニュアルのない仕事だったわけです。

私はこのM&Aの仕事を30代前半で経験しましたが、現代はほぼ全てのビジネス環境で答えが見えづらくなっています。先例が通用しづらい、厳しい環境なのです。

「なるほど。ではそんな思考力を養うためには、20代で、外資系コンサルが使うようなフレームワークを覚えて、駆使する必要があるのでしょうね」

感心ですね。ただ、少し違う。先にも述べたように、マッキンゼーなどの戦略コンサルティング会社は、フレームワークを駆使して〝きれいな解答〟を出そうとする人間を採用しません。フレームワークは道具ですから役には立ちますが、**パターンに落とし込めるほど、現実の経営課題は簡単ではない。**繰り返しますが、世の中は複雑系です。過去のパターンにあてはめて答えが出るほど単純ではないのです。今求められるものはもっと本質的な思考力、考える力です。以下で詳しくお伝えしましょう。

○
20代を
後悔しない
ために
▼
マニュアルがなくても自分の思考力で勝負できる人になる

勉強と経験、どちらが大事か

「この人は、今はいいけど…先行き危ういな」「大きな仕事は任せられないな」――。

私がマネジメント層を評価するとき、そう感じるのは次のどちらだと思いますか？

①「現場で見たものを拠り所にしたい」という現場主義タイプ

②「現場で出た結果は数多くあるケースの一つにすぎない。それをフレームワーク化した理論と照らし合わせて、実践するのが時間的にも効率的」という理論派タイプ

ピンときましたでしょうか。実はこの両方とも不十分です。ビジネスにおいて、現場の経験でしか学べない知見は確かにあります。「お客さまが何を欲しているかを売場や営業先でつかむ」「人がどんな言動にモチベーションを高めるのか顔色から察する」――。例えばこうした判断や決断は現場でこそ磨かれます。しかし経験だけでは不十分です。

ＩＴ化とグローバル化でビジネス環境はめまぐるしく変わるようになりました。過去の経験だけでしのげるような牧歌的な市場はどこにもありません。一方で、人がやる気を感

じるモチベーション・ファクターも多種多様になったわけです。

「前は売れたから、今度も売れるはずだ」「若い奴らはこう言うとやる気を出したのだ」。そんな経験が常に通用することはない。失敗確率をあげることにすらなるからです。

だから優れたマネージャーほど現場に目配りしつつ、経営学や経済学の書を紐解きます。ドラッカーやスティグリッツを学ぶ。理論だけでなく、そこから本質を読み解かなければならないのです。そして、実際の現象と原理原則を照らし合わせて、原理原則を自分のものとするのです。パターン化されたフレームワークだけで解決策を見いだせるほど簡単ではない。**経験と勉強（本質を探り出す勉強）は両輪です。**

あなたは「毎日の仕事はうまくこなせている」と自負し過ぎていませんか。「日々の業務で精一杯」と原理原則を学ぶことを怠っていませんか。**20代は「経験×勉強」をサボっている人が実に多い。**原理原則に照らして本質を学ぶことが必要です。それはチャンスでもある。現場をこなして満足している周りを尻目に、あなたは原理原則を学ぶ勉強も始めればいい。経験と能力をかけた答えは「なれる最高の自分」への成長だからです。

○
20代を後悔しないために
▼
「経験×勉強」が思考力、判断力を鍛える

思考力 ①

SECTION_04

日経新聞には読者が2種類いる

周囲がいかに勉強を怠っているかを推し量る上で、ぜひ試して欲しいことがあります。先輩、あるいは上司でも結構です。こんな質問をしてみてください。

「GDPとは何のことですか?」——普段そこそこ偉そうにしている上司や先輩方でも、ズバリ答えられる人は意外と少ないはずです。

一応答えをいうと、GDPとはGross Domestic Productの略で「国内総生産」。「一定期間に国内で産み出された付加価値の総額」のことです。ここでいう付加価値とは、簡単に言えば「売上高—《マイナス》仕入れ」になります。企業は、何かを「仕入れ」、それを売って「売上」を立てますね。その差額が「付加価値」。ようするに、日本国内のすべての企業や個人が生み出した付加価値を合計すればGDPが算出されるわけです。その「実額」が「名目GDP」で、インフレやデフレを調整したものが「実質GDP」です。

「細かくは知らない。そんな大きな数字は関係ないし、ふだん目に触れないから」

と言ってくる方がいましたか？　しかし、企業は付加価値として得た対価から「税金」「設備投資」「株主の配当」などを支払います。この付加価値から支払われるお金の中で、最も高い割合を占めるのが「人件費」。つまり給料です。GDPは、給料の原泉です。皆さんの生活に直接関係している数字です。「目に触れない」というのもウソ。ビジネスパーソンなら日経新聞を眼にしていると思います。発表時には1面のトップ記事になるし、日経新聞には毎週月曜日の「景気指標」という欄に必ず「国民総生産」が載っている。**多くの人が、日経を「読んでいる」けど「読めていない」のです。**

日経新聞、とくに月曜日の「景気指標」欄は、ぜひ20代の時から目を通し、読みなれる訓練を積んでおきたいものです。ここにある「国内総生産」「消費支出」「鉱工業指数」などを定点観測し、それぞれを関連付けて思考するクセをつけるだけで、あなたは相当に勉強することができる。**経済を知るだけでなく、思考力もとても高まります。周囲の少し先を歩めるのです。**具体的な日経新聞の読みこなし方は拙著『小宮一慶の1分で読む！「日経新聞」最大活用術』（日本経済新聞出版社）などをお読み下さい。

20代を後悔しないために
▼
日経新聞を「読めている人」「使いこなせる人」になる

思考力 ①

SECTION_05

ドラッカーを十分に「読めた」20代はいない

読んでいるけれど読めていない。その代表といえるのがピーター・ドラッカーの『マネジメント』です。経営者、あるいは経営者を目指す者ならば、必ず読んでおきたい名著。「あ、もちろん読んだよ」と言いながら『もしドラ』の話をしないでください。

もっとも、上下巻で千ページに及ぶ原著を読破した猛者、あるいは抄訳して簡便にした『エッセンシャル版』なら読んだという人でも、実は真に読めている人は少ないのです。

なぜなら、経営は、経済学、会計学、戦略論、マーケティング、心理学など、多くの要素を理解しないと本当には分からないもので、さらに、ドラッカーは極めて精緻に経営学を説いているからです。経営とは、マクロな社会の動きから、ミクロレベルの会社や人間の動きまでが、巧みに絡まりあった現象なのです。

ドラッカーの本はその奥行きこそが経営のバイブルたるゆえんでしょうが、会計とマクロ経済、さらに人間心理を理解していないと腑に落ちない難書でもある。ただ通読しただ

けでは「分かったつもり」になるだけかもしれません。

そのための基礎教養が「経済」「会計」、そして「人」について学び、知ることです。良書を深く読むことです。経済なら『ミクロ経済学入門』（奥野正寛／日経文庫）『マクロ経済学入門』（中谷巌／日経文庫）などで基礎を学び、できれば20代のうちに『スティグリッツ入門経済学』（ジョセフ・E・スティグリッツ／東洋経済新報社）に手を伸ばすくらいしておきたいところです。

会計は『図解　会計のしくみ』（波光史成／東洋経済新報社）や拙著『「1秒！」で財務諸表を読む方法』（東洋経済新報社）を読んだ後で『会計学入門』（桜井久勝／日経文庫）を読めば財務諸表が読めます。人についてはCHAPTER5で述べます。

鉄則は「入門書」をきっかけにして、さらに深い本を読むことです。そしてできればそのあとで、本質に触れた本格的な名著に手を出すのがセオリーです。難しい本を読みこなすことが、専門的知識を身につけるとともに、思考力を高める大きな手段となるのです。

思考力 1

SECTION_06

正しいインプットなくして高いアウトプットなし

新聞の読み方に関して言えば、もう一つだけお伝えしたいことがあります。

新聞は、必ず1面から読んでください。

もちろん、今はスマホアプリやSNSで、新聞各紙やニュースサイトが読める時代です。

しかし、それらのアプリなどを使った〝つまみ読み〟は、ゲームをしているよりはかなりマシですが、20代を後悔する人の情報収集法です。残念なニュースの読み方、です。

なぜなら、スマホアプリなどは事前登録したカテゴリー記事だけを読んだり、興味のある記事のみをクリックしがちだからです。また、そうしたあなたの属性に沿って最適化された「あなたの関心の高い記事」ばかり目に通すことになります。

それでは、世の中の流れは読めません。広い人々のニーズを汲めるはずもない。**自分の関心ごとにばかり知識が積み上げられた、自己チューな情報収集法でしかないのです。**

インプットがなければアウトプットは出せません。

しかし、**インプットが偏っていたら、偏ったアウトプットしか出せないのです。**

だから、新聞は1面から読むのです。1面は、数多ある〝前日に起きたこと〟を俯瞰で眺めた新聞社のデスクたちが、頭を絞って「これこそ最も重要だ!」と取捨選択したニュースを掲載しています。

「世の中の関心や影響が一番大きいだろう」と考えぬいたうえで、配列されているのです。たった一人の関心ではなく、世の中の関心。**世の中の関心に自分の関心を合わせる訓練として新聞を読まなければならないのです。**

広く大勢のニーズやウォンツに則した情報が、新聞の1面には載っているのです。「答えの見えない」「誰もが欲しがるものがない」時代にもかかわらず、新聞の1面を読むことは、それらに近づく最も簡単かつ簡潔な訓練なのです。

個人的には興味のない記事がトップにあるときもあるでしょう。仕事や生活に、直接的には関係のないニュースも多くあるはずです。しかしそれが「世間の関心事」なのです。そもそも自分の関心事なら、意識せずともインプットできているのではないでしょうか。

20代を後悔しないために

新聞は必ず紙で、1面から目を通す

思考力
1

SECTION_07

「勉強しなかった後悔」を取り戻せるラストチャンス

「良書を読み解き、新聞を1面から読む意義はよく分かったけど、読む時間がなかなかなくて…」

ここまで読んで、そんな逃げ口上がぼんやり浮かんできてしまった、なんてことはないでしょうか。

はっきり言います。学ぶ姿勢がそれでは、今後の人生を必ず後悔します。

時間は作るものです。前向きなら時間はいくらでも作れます。

というのも、**「学ぶ姿勢を持っているか否か」こそが、20代を後悔する人と後悔しない人の違いだから。**

つまり30代以降も企業や社会に求められる人材になるか、いらぬ存在になるかの分水嶺だからです。

学ぶ姿勢とは、具体的にいえば、まず「学ぶ」ことを「楽しい」と思えるようになること。そしてコツコツ努力を積み上げて、成果を上げていく喜びを知っていること。さらには、ムダに時間を浪費せず、実になる勉強に時間をとるのが当たり前になっていること――となるでしょう。

厳しいようですが、これは学歴によく反映されています。中高大でよりよく学んできた偏差値70程度の東大など一流大学卒の優秀な人間と、そうでない大学でサークルとバイトを適当にして過ごした人間のどこに差があるかといえば、こうした学ぶ習慣に歴然と差があるのです。

ただし、ギリギリ間に合います。
勉強してこなかったツケは、20代ならまだ払える。

人には「体記憶」があります。これは読んで字の如く「体で覚えた記憶」のこと。

例えば乗り物の運転やスポーツ、あるいは楽器演奏などは、一度会得してしまうと体が記憶します。久しぶりに自転車をまたいだり、サッカーボールを蹴ったり、ギターを手にしたときでも、すっと当たり前のように運転やプレイができます。これは小脳の働きによるもので、〝反復運動〟で刷り込まれるものなのだそうです。学ぶ習慣も反復運動で培われてきたもの、というわけです。

ちなみに体記憶による習慣化は、経験が少ない幼少期のほうが、刷り込み効果が高くなるそうです。悪い習慣は早く捨て、良い習慣に体を慣れさせなくては、手遅れになるのです。

「時間が無い」と言いながらダラダラとスマホゲームをする「世捨て人の習慣」を続けるか。「時間がもったいない」と、将来の糧となる知恵を養うための「学ぶ習慣づけ」をするか。あなたはどちらを選びますか?

「学び続ける習慣」を身につける

CHAPTER1

思考力 1

SECTION_08

チャンスは「準備した人」しかつかめない

20代の若い頃は、誰しも、時間が永遠に続くような錯覚を持っています。

明らかに勘違いです。刻一刻とあなたの残された時間は減少しています。時間は誰しも等しく流れ、誰しも持ち時間は減少しているのです。

ただ「時の使い方」はあなた次第です。スマホゲームで時間を浪費するより、学ぶ習慣をつけたいなら、休日の使い方を変えることです。

例えば、私は新卒で入った銀行員時代から今に至るまで、休日を勉強に使っています。**土日休日をすべて勉強漬け…というわけではありません。休日の1日、1〜2時間だけでも勉強にあてるのです。もちろん平日の夜でもかまいません。**

銀行でシステム部にいた頃は、休日の2時間を使い、財務会計と管理会計の勉強をしていました。手がけるシステムが会計関連のシステムだったため、「より深く会計を知っていたほうが仕事がしやすいだろう」と考えたからです。

もちろん、たまたま巡り合ったシステムの勉強もし、その当時最難関だったシステムの資格もとりました。そのため、システムの仕事はぐっとはかどりましたが、効果はそれだけではありませんでした。その後、M&Aの仕事をしていたとき、独学で学んだ会社の評価法や財務諸表の分析がそのまま活かせました。

さらに、経営コンサルとなった後も、また会計に関する本を書くときも、大学院で会計について教えるチャンスを得たのも、すべてこのコツコツとした休日数時間の勉強が、新しいステージのチャンスを授けてくれたのです。もちろん、システムを勉強したことは、経営コンサルタントの業務にとても役立っています。

日経新聞も若い頃から丁寧に読んできましたが、コンサルタント業務や著作にとても役立っています。そのおかげで名古屋大学の客員教授もしています。

「チャンスは誰にでも等しく訪れるものだ」と、運命論者である私は思います。

ただし、そのチャンスを自分のものにするには「準備」が必要です。

もし私が会計やシステム、経済の勉強という準備をしていなければ、転職や独立のチャンスは得られなかった。いま、こうしてあなたに伝える言葉も機会も得られなかった。

裏返せば、**世の中に求められるのは、準備をしている人です。**

SNSなどで盛んに自分を売り込むような発言をする人がいますが、そんな時間があっ

たら、来たるべきときのために準備したほうがいい。

そのほうが近道です。私は決して売り込まないのがポリシーですが、仕事は本当に断るくらいいただきます。売り込まなければならないのは本物ではないのです。

もう一度いいます。

チャンスは準備していた者だけがモノにできるのです。

だから休日の1～2時間を将来の準備のために使ってください。勉強の時間にしてください。

「土日だからゆっくりしよう」

「みんな休んでいるから自分も休もう」

そういう考え方もあるでしょうが、毎週1～2時間を将来のために使うのです。

時間の使い方は自分次第だし、準備を継続できる人は少ないものです。だからこそ、差がつくのです。

20代を後悔しないために

▼

10年後を見すえて準備をする

思考力 ①

SECTION_09

大差は微差から生まれる

私はよく「成功はコピー用紙を1枚ずつ積み上げるようなもの」と言います。正しい努力をコツコツと続けていれば、必ず何がしかのものにはなれます。

思考力を磨く勉強も、まさに同じです。毎日の生活、日々の仕事は、同僚たちと一見変わりません。

しかし、休日の少しの時間を勉強に費やす人、目の前の仕事を深掘りして学べる人、良書を確実に読みこなす努力を続ける人、毎朝日経新聞を1面から読み、世の中を読み取る勉強を怠らない人は、着実に、わずかずつですが、「実力という紙」を積み上げている人です。上に登っているのです。

20代ではまだ差は見えにくい。しかし、30代、40代になったときの高さの差は、積み上げてこなかった人には超えられないものになります。

その事実をあなたは上から見たいですか？　下から見たいですか？

CHART_4

仕事も勉強も
薄い紙を積み上げるようなもの

後悔しない人

1日に少しでも仕事を深掘りする。
休日に2時間でも読書や勉強に励む。

↓

積み上がった高さは、膨大に！

後悔する人

ただただ目の前の仕事をこなす。
休日は当たり前のように休む。

↓

10年後にも何も変わらず。

思考力 ①

SECTION_10

目の前の仕事から「深く考える力」

先述の「準備」という名の勉強は、目の前のことから始めることです。仕事の中に学びの芽があるからです。いま携わる仕事を、少し踏み込み深く学ぶのです。

私の場合、準備は1枚の紙から始まりました。東京銀行（現・三菱東京UFJ銀行）に入った1年目、預金カウンターの担当だった頃のことです。正直、仕事はおもしろくなかった。頭より手先を使う仕事。お札や伝票を数えるばかりで、気を遣いますが、頭はそれほど使いません。「もっと別の仕事がしたい…」と思うこともありました。

あるとき支店長が「小宮くん、その定期預金の証書の裏に書いてある文字を読んだことあるか？」と聞いてきました。言われて気づいたのですが、びっしりと細かな文字がありました。「約款」です。読むと実に細かいのですが、面白い。法律的な奥深い契約内容が細かに分かり、定期預金という金融商品の意味合い、銀行業務の本質のようなものに触れているような気がしました。

物事は深く知るほどに面白みを増すものです。

その後、まず普段のカウンター業務にも前向きに取り組めるようになりました。同じお金を数えるにも、その意味と意義を深く理解することで、真剣味が変わってきたのです。

翌年、輸出手形保険の担当になってからも、目の前の仕事を深く踏み込みました。

仕事自体は、保険にまつわる定型書類を右から左に記入するだけ。しかし私は部内に置かれていた輸出手形関連の法律や分厚い細則を持ち帰り、寮で読み込んだのです。預金カウンター時代同様、仕事は深く本質を知ったほうが楽しめると考えたからです。

ある日、いつも顔を合わせる通産局（当時）の担当者と雑談する機会がありました。法律的な話まで踏み込んで、保険業務について話し込むと「よく勉強してるね」と感心され、その後ことあるごとに声をかけてくれ、二年目の私を、一人前として扱ってくれたのです。

勉強は、ＭＢＡの教材を取り寄せて読み込むといったことだけではありません。

目の前の仕事を掘り下げるだけで、深い知識が得られる。高いモチベーションも手にできます。さらにその勉強が、あなたの評価まで高め、人脈を広げることがあるのです。

20代を後悔しないために

▼

担当している仕事を深掘りすると本質が見え、仕事が面白くなる

思考力 1

SECTION_11

きょう役立たなくても将来生きる本質を勉強する力

10年後も20年後も自分に役立つもの。勉強するならば、それを選ぶのが鉄則です。

それは、勉強のテーマではなく、本質を勉強する習慣をもつことです。同じ職種をずっと続ける人は、出世する人には少ないはずです。しかしどんな仕事にも本質があります。

「目の前の仕事に学びの芽がある」と言いましたが、仮に私が新人銀行員としてカウンター業務をしていたとき「銀行で一番素早く札を数えられる男になろう!」というような「テクニック」を磨く勉強をしてしまったら、まったく違う結果になったでしょう。

確かに「お札を素早く数えるスキル」は、当時すぐに役立ったはずです。約款を読み込み法律を学ぶよりも、より実践的な勉強だったと思います。しかしその後しばらくして銀行のカウンターの人間が、手でお札を数えることはほとんどなくなりました。機械に替わられたからです。「札束を素早く正確に数える技術」の価値が急落したわけです。

銀行業務全般を見ても、かつては預金の預入も送金もすべて窓口の人間がやりましたが、

今は90％近くの作業はATMで済ませられるようになりました。一方で、約款を読むことで得た「定期預金に関する基礎知識」「金融商品が持つリスク」といった本質を学ぶという習慣は、職種が変わっても常に役に立つことです。**何でも根っことなる本質的なことまで勉強する習慣が身についていれば、どんな職種についても役に立ちます。**もちろん経営者になってもです。

市場の変化やＩＴ化により、10年後になくなる仕事、価値が下がる知識が多くあります。目の前の仕事から勉強を始めるにも常に本質を勉強しましょう。何を学ぶにしても本質を勉強する習慣が身に着けば思考力、考える力が確実に上がっていきます。

論語に「敏」という言葉があります。「素早く動く」のほかに、「頭をフルに使う」という意味もあります。筋肉も使わないと衰えますが、少しずつでも頭を使えば着実にあなたの力として備わっていく。目の前には「頭をフルに使えること」があふれています。

とくに、本質を勉強するには頭をフル回転させなければなりません。怠けることなく、敏に、仕事と勉強を続けていくことが、あなたを磨きあげ、またチャンスへとつなげます。

○

20代を後悔しないために

▼

本質を学ぶ習慣をもてば難しい職種でもこなせるようになる

思考力 ①

SECTION_12

フローで終わらず ストック化できる勉強を

経済用語でよく使われる言葉に、フローとストックがあります。

言うまでもなく、フローとは一定期間に出入りするお金のこと。ストックは、フローの結果として一定期間に貯まった金額のことです。簡単にいえば、フローをむだなくストックにすれば、お金はどんどん貯まるわけです。

この原則は、勉強においても当てはまります。日々の仕事は、その本質を勉強する気であれば、学びに繋がるのは繰り返したとおり。しかし漠然と仕事をこなすだけでは、流動的なフローの知識にはなっても、資産を生むようなストックにはならないからです。

だから学びもストック化することです。たとえば資格をとるのです。

私は先述通り、銀行でシステム部にいた頃は、システムと管理会計の勉強を続けてきました。それが仕事だったからです。またそれと同時に、「情報処理技術者国家資格」を取得するための勉強もしていた。その資格には一種、二種、特種とあったのですが、私は一番上の「特種」を狙いました。当時は20人に1人しか合格しない狭き門。だからこそこれを狙って勉強して、何とか取得したのです。さらに翌年には「証券アナリスト」の資格もとりました。「今後は、銀行も証券業務を手がけるだろう」と予想できたからです。

ただただ目の前の仕事をフローとして流していたら、「システム部に何年にいた」という経験値しか残りませんが、同じ経験もそれを活かして資格をとれば違います。まず他者に客観的にアピールできるポイントがひとつ増えます。さらに大切なのは資格をとるためには、そのジャンルの体系的な学びが不可欠なこと。そうして学んだ内容は普遍的な知識となる。真のストックとなるからです。

よく「資格なんて必要ない」「頭と腕だけで勝負する」などと言う人がいますが、資格を持っていない人に限って、そういうセリフを吐きがちです。

資格をとることとは、フローをストック化することなのです。「資格など価値ない」などというセリフは、まず取ってから言うことです。金持ちでもない人が「お金を持っていても仕方ない」というのと同じで、ひがみにしか聞こえません。

20代を後悔しないために

▼

資格はストックになる

思考力 1

SECTION_13

50時間かければ専門家レベルの知識を得られる

学びをストック化したいなら、あることについて「とにかく50時間は勉強する」ことです。**私には「50時間勉強すれば、どんなものでも必要なことは会得できる」という持論があります。**その根拠は、大学にあります。私は明治大学会計大学院で特任教授を4年間経験しました。現在は名古屋大学の客員教授をしています。

大学の授業というのは、たいてい半期14コマほどで修了する目安です。1コマは大抵90分。ただし、実際に授業で使えるのはそのうち60分間ほどです。しかし、大学というのは予習復習を前提としているので、これに1コマの授業でプラス2時間の勉強が必要です。14コマのうちには試験が2回ほどありますから、3時間×12コマで、36時間ほどです。大学は専門の教官が教えますから、それである程度の専門性を学生に身につけさせる訳です。自分で勉強するならもう少し時間がかかりますが、約50時間勉強すれば、どんな分野でも、ある程度のレベルまでは会得できるのです。

先述通り、毎週日曜日に2時間だけ勉強するなら、25週。半年弱で何かしらの専門分野の知識が習得できます。会計でもシステムでも、自分のものにできるはずです。

こうした本質的な学びを50時間という短期間でなしえるのは、「机上の勉強だからこそ」ともいえます。たとえば、知識の全くない人間が経理を任されたとします。毎日試行錯誤しながら入出金を記録して、30年もすれば「複式簿記」の仕組みに気づき、自力でそれを体系化できるかもしれません。しかし複式簿記なら入門書を読めば2、3時間で覚えられる。勉強とは時間の節約なのです。さらに勉強すれば、簿記の資格を取得できる。ストック化できるのです。**勉強というのは先人の知恵を借りることで、現場で学びとるととても時間がかかるものを、短期間で習得できるショートカット法なのです。**

「自分は知識がない」「頭が悪い」という人がいますが、間違いです。今からたった50時間、ある分野に集中して積み上げれば、どんな分野だってかなりの知見が手に入ります。その50時間でこれから先の人生が大いに違ってきます。それをずっとやり続ける習慣を持てば、かなりの人になれることは間違いありません。

〇 20代を後悔しないために
▼
50時間没頭すれば、かなりの専門知識を会得できる

思考力 1

SECTION_14

「教養」は後でいい

世界史や日本史などを勉強し直して「教養」を深めようというビジネスパーソンが増えています。大いに結構。ただ20代のみなさんには、あまり薦めません。教養より先に、仕事ができるようになるために、仕事関連の勉強をしたほうがいい。

人は評価で動いています。とくに仕事で評価されることは何より代えがたい喜びです。しかし世界史などの教養を深めたところでなかなか仕事には結びつかない。だから当然評価されない。当然ですが、人によってはこんな思いを抱いてしまいます。

「こんなに勉強しているのに、なぜだ?」と、積み上げた教養とのギャップから、無意味な悩みを抱いてしまうわけです。だから今あなたがやるべきは、歴史などの教養を深掘りすることではありません。同じ深掘りするならば、やはり、あなたの目の前の仕事です。

どんな仕事にも深みがあります。その深みに踏み込んで勉強していくと、あらゆるものの本質に辿り着ける。それが、あなたの思考力を強化して、判断力を磨いてくれる。そうなれば会社の成果に繋がり、あなたへの評価も当たり前のように高まります。

たとえば、火災報知機の点検作業という仕事があります。ある程度の数をこなせば、要領よく、素早さと正確さを上げてこなせるようになるはずです。しかし、それだけに満足せず、休日の数時間を使って電気工学の本を読んだり、防災に関する法律を学ぶなど、目の前の仕事を通して仕事を深掘りしていけば、その仕事の知見は驚くほど深まります。同じ現場仕事をしていても、気付きや発想が変わるはず。マニュアルに出ていない複雑なトラブルが発生したときでも、工学の知識が深まっていれば解決できる可能性はぐんと高まります。「この機械の仕組み上、この作業は簡略化できる」という提案もできるかもしれない。そうすると仕事も面白くなります。

雇う側からみたら、こういう人は圧倒的に頼りになる存在、手放したくない人材になる。さらに大きな仕事を任せたくなる人間として、高い評価を得られるわけです。

目の前のことを深掘りすることは、ただ仕事をこなす周囲とあなたのレベルをどんどん離していく。どんな仕事でも、まず深掘りすることを習慣にしておきたいものです。

> ○
> 20代を後悔しないために
> ▼
> 「教養」は、仕事に直結する勉強をやり終えてからでいい

思考力 1

SECTION_15

本質を知る人の意見はブレない

物事には「原理原則」というものがあります。生き方にもあります。時代は川の流れのように常に動き流れていくものです。また世の中はどんどん複雑化し変化している。しかし物事や生き方の本質というのは常に変わらず、道理は必ずあるものです。そんな原理原則をつかむと物事の判断や決断が間違いなくできるようになります。経営は決断と判断の連続です。人生も同じです。若いうちから原理原則を知ることは、ビジネスパーソンにとって最良の武器になるというわけです。

たとえば、いま「東京のお台場あたりにカジノをつくろう」という流れがあります。

結論からいうと、私はカジノ反対です。判断の拠り所は、「法律の原理原則」です。

私は自分が法学部だったことと、また銀行員時代、各部署の仕事をしながら法律を学んできたことで「法律の原理原則」が、自分の判断のひとつの拠り所として根付いています。日本の法律では「賭博をしてはいけない」という賭博罪と、「賭場を仕切ってはいけない」

という賭場開帳図利罪があり、これは「刑法」の範疇になります。刑法は数ある法律の中でも最も罪の重い法律です。他にも罰則をもつ法律はありますが、「死刑」という極刑まで含み、またすべてにおいて刑事罰が適用される仕組みを持つのは刑法だけだからです。

厳格な刑法で取り締まるということは、最もやってはいけないことなのです。つまり賭博も賭場も社会悪となる要素が強すぎるということでしょう。こうしたロジックで、私はカジノが反対なのです。刑法に、その適用を除外する「特区」は本来なじまないものなのです。もし、カジノをそれでもやるというのなら、刑法を改正すべきです。

たとえばカジノのように、まったく新しい事象や知らない業界の事業と対峙しても、物事の本質を理解していれば、論理的に冷静に判断できる、というわけです。

それは、音楽を基礎から学び、楽器の音色と演奏法を研究しつくしたミュージシャンなら、未開の地で出会った民族楽器についてもすぐに理解できることと似ています。

本質や原理原則は常に真ん中にある木の幹のようなものです。人生の原則も同じです。

それをつかめば、枝葉末節は自然とついてくるのです。若いうちから学ぶことです。

20代を後悔しないために

本質を知れば、判断が早くなりブレない

BOOK LIST_1

「深く考える力」を養う
ブックリスト

『日経新聞の数字がわかる本』（小宮一慶　日経BP社）

『【エッセンシャル版】マネジメント』（P・ドラッカー　ダイヤモンド社）

『ミクロ経済学入門』（奥野正寛　日経文庫）

『マクロ経済学入門』（中谷　巌　日経文庫）

『スティグリッツ入門経済学』
（ジョセフ・E・スティグリッツ　東洋経済新報社）

『図解　会計のしくみ』（波光史成　東洋経済新報社）

『会計学入門』（桜井久勝　日経文庫）

『ビジネスマンのための「発見力」養成講座』（小宮一慶　ディスカヴァー携書）

CHAPTER2

思考力

2

世間のニーズに
自分を
フィットさせる

思考力
②

SECTION_01

「相手目線」を徹底する

「仕事を通して成長したい」「個性を活かして仕事したい！」

そんな前向きな意気込みを持って仕事にあたる20代の方も多いと思います。

若々しいモチベーションは、確かにものごとを突き動かすエンジンの一つになります。それもとても大切ですが、自分からの見方の他に、必ず、自分以外からの見方も考えなければなりません。お客さまや会社、ひいては社会からの見方です。

例えば、お客さまが欲しいものは、ニーズを満たしてくれる商品やサービスです。

会社が欲しいのは、会社にメリットをもたらしてくれる貢献です。

ビジネスにおいて、あなたの成長や個性は、必要条件であって十分条件ではないからです。

最近は、やたらと自己中心的に「自己実現」や「自己啓発」に走る人が増えている気がします。もちろん、そうした自己研鑽や、内的な成長をモチベーションにする気概は大事です。しかし、それだけでは不十分なのです。会社や社会からの評価がなければ、単なる自己満足にしか過ぎないのです。

冷静に考えてみてください。髪を切るために美容室にいったら、「勉強のため、こんなヘアスタイルにさせてください！」と美容師が勝手に髪型を決めて切り始めたら「ふざけるな」と怒りますよね。あなたの下についたバイトスタッフに、資料のコピーを頼んだら「この仕事は私の成長につながりません。私のポリシーと合いません」と拒否してきたら「知るか！」と叱りませんか。

相手の立場に立つというのは、ビジネスにおいては必須です。自分の立場でしか物事を見られない人は、成功しない人です。裏返せば、相手のニーズを常に汲み取って、「お客さまは何を求めているか」、目の前の上司は「何を求めているだろうか」、あるいは会社は「どんな社員を求めているのか」、そしていま、日本は世界は「どんな人間が必要なのか」――。そこまで思いを馳せられる人なら、必ず成果を出せ、皆から求められる人間になれる。

ひとことでいえば、〝相手から目線〟を、今から磨いていただきたい。自分のニーズではなく、世の中のニーズに従って、頭を働かせるクセを身につけておくことです。

○

20代を後悔しないために

▼

「自分目線だけの人」を卒業する

思考力 2

SECTION_02

利他で動けば利自になる

世の中のニーズに従って働く——。言い換えると、「周りの人を幸せにするために働け」ということです。「生き馬の目を抜くビジネスの世界で、そんな聖人のような考え方で勝ち抜けるのか？」と感じた方もいるかもしれませんが、正反対です。

勝ちたい、儲けたい。そんな利己的な欲求で仕事をしていたら、ビジネスの世界で成功するはずがない。短期的にうまくいったとしても、中長期的にはうまくいかないのです。

理由は簡単です。**「自分さえ良ければいい」という人は、周りから嫌われるからです。**

そこまでひどくなくても、自分のことしか考えていない人は周りから好かれません。自分のことしか考えていない会社やビジネスパーソンは、お客さまや社会から嫌われます。

「自分さえよければいい」という人に、誰がぜひ協力したい、儲けさせたいと思うでしょう。そこに集まるのは、おこぼれにあずかろうという志の低い人間だけです。そもそもあからさまに利己をむき出しにした人間が売る商品やサービスなど誰も買いたくありません。

金儲けしたい人ほど儲けられない。これもまたビジネスにおける原理原則なのです。

逆に、古今東西、成功を極めた人ほど「お客さまのため」「社会のために」という信念のもとでビジネスをしています。そんな人や会社は好かれるので、結果的に儲かるのです。

水道の水のように安価で良質なものを全国津々浦々に届けたいと「水道哲学」を提唱して躍進したパナソニックの松下幸之助氏。「世界を変える」という大きな理念のもと、世界中で支持される製品を生み出してきたアップルのスティーブ・ジョブズ。彼らは世の中を幸せに、豊かにしたいと考えて邁進することで、多くのお客さまや仲間の支持を集めた。その結果としてビジネスが大きくなり、結果的に大金持ちにもなったのです。

「世のため人のために働く」「企業には社会的責任がある」。経営者の偉人めいた発言を「建前だ」「格好つけだ」とシニカルにとらえてきた人もいるかもしれませんが、違うのです。

正しい目的を掲げることが、結果として利益に繋がる。彼らはそのほうが結果的に経済的にも精神的にも幸福になれることを知っているのです。自分の周囲を幸せにすれば、ご褒美として、利益があがる。正しい順番を分かっているから、本心で断言できるわけです。

○

20代を後悔しないために

▼

「利他」の心を持つとそれが結局自分を利することとなる

思考力 ②

SECTION_03

「自分を犠牲にする」は勘違い

「周りのため、世のために働け？　自分を犠牲にせよ、ということ？」と勘違いをされることがよくありますが、**自分を犠牲にしたら、続きません。**

私の人生の師匠である、曹洞宗円福寺の藤本幸邦老師は「人生は串団子」だとおっしゃっていました。人生には4つの団子がある。「自分」「家族や親しい友人」「会社」「社会」。「この4つのどれもはずさない生き方をしなさい」と教えてくれました。

「自分」が串から外れて、「家族」「会社」「世の中」のために働いても疲弊して長続きしない。会社も社会も関係なく「自分」と「家族」だけを原動力に働く人は、多くの支持を集められない――。自分のためになることが、家族や会社や社会のためになる。成功の本質です。

努力を自己犠牲と思っているようでは成功はありません。努力が好きなくらいでないと何もうまくいきません。

CHART_5

「4つ」を外さない生き方をする

成功する人の串団子

成功しない人の串団子

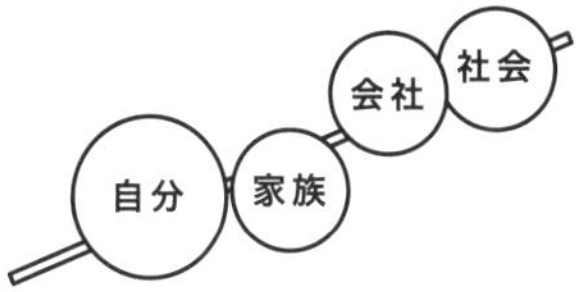

思考力
②

SECTION_04

問題意識が芽生える日々のすごし方

あなた個人と家族と会社と社会――。日々の仕事の中で、その4つが繋がっていることを意識して生きていると、実はさらなる「繋がり」が見えてくることに気づくでしょう。意識することです。

どんな仕事でも、奥行きがあります。

例えば、コンビニのレジ。商品のバーコードをあててピッと読みこめば、だれでもお会計ができます。そこだけ切り取れば、単純作業でしかない。高度に簡便化された、便利なシステムというわけです。

しかしコンビニのレジ仕事だって「串団子」の考えを持つ人は取り組み方が変わります。

お客さまのため、という発想があれば「もっとお客さまに喜んでもらうためにはどうすればいいか？」という問題意識が芽生えます。挨拶を心からする、レジ待ちの人にも目配りするなど工夫をしはじめます。それが目の前のお客さまの幸福につながり、スムーズにレジが流れれば売上も上がって「会社のため」にもなる。会社の売上が上がれば日本経済に寄与することになるから「社会のため」にもなります。

それほどの成果を出せれば、当然、レジ担当の時給も上がるでしょう。意識の高い、仕事ができる人材として認識されれば、会社が見逃すはずがありません。レジ係よりさらに上位の仕事を与えられるチャンスも得られるかもしれない。

すべてをよくしたうえで「自分のため」になるわけです。「家族」もきっと喜びます。「串団子」が一気通貫していることで、目の前の仕事から、社会をよくするチャンスが見える。それを思考と行動に移すことで、すべての団子が満たされるということもありうるのです。

一方、「串団子の意識を持たずに、「早く仕事終わらないかな…」「時給が上がらないかな…」しか頭にない人には、問題意識など芽生えるはずがありません。カイゼン内容など見えるはずない。

当然、職位はおろか、給料も上がらないわけです。

20代を後悔しないために

▼

会社も社会も、問題意識を持ち工夫する人を求めている

思考力 ②

SECTION_05

チャンスが来ても辞退せざるをえない人

「串団子」の考え方によって目の前のことにも問題意識が芽生える。それは会社や社会を良くして、あなたを幸福にするチャンスに繋がります。ただし、ここで、もう一度立ち返ってください。すでに何度も言ってきたように「チャンスは準備していた人にだけ訪れる」ものです。

例えば、串団子的発想から、レジの仕事の改善案を見つけて結果を出してきた。そこで「店長をやってくれ」「スーパーバイザーになってほしい」と会社から言われたたとします。**しかし、そこでマネジメントのためのスキルや数字の読み方、あるいはその仕事の本質的な勉強をしていないと「そんな大役こなせない…」と腰が引けてしまう。**

チャンスを辞退することになるわけです。

私が銀行員だった頃、最初に配属されたのはカウンター業務で、隣には商業高校を出た女性の先輩がいました。私は彼女よりお金を数える速度が圧倒的に遅かったのですが、窓口で扱う金融商品に関する知識は逆に上回っていました。

あるとき、預金にきたお客さまが「定期的にお金をためていくのに、どんな商品がいいですか？」と尋ねられたとき、彼女は「東銀債と定期預金がありますよ」としか提案できなかった。本来ならば、その他に、電力債などいろんな債券があって、お客さまのニーズや状況をヒアリングしながら、個々人によって違う適切な商品を薦めるべきなのに、そのための知識が圧倒的に足りなかったわけです。自行の商品しか薦めないのは結果的に信用を落とします。このとき、彼女が少しでも金融商品に興味を持ち、深く勉強をしていたら、彼女にお客さまがついたはずです。キャリアアップのチャンスも大いにあったはずですが、チャンスを辞退することになったわけです。

「串団子」で述べたように、お客さまや会社、社会といった他者目線で仕事をすることと、目の前の仕事から深掘りして勉強を続けることは、クルマの両輪です。

あるいは、勉強に対するモチベーションをさらに強固にしてくれるのが、「串団子」であるともいえるでしょう。

20代を後悔しないために
▼
準備していないと大役を引き受けられない

思考力 ②

SECTION_06

目標と目的の違い

突然ですが、あなたは「目標」と「目的」の違いをはっきりと説明できますか？

例えば「今期、売上ナンバー1を目指す！」というのは、目標ですか、目的ですか？あるいは「すべてのお客さまに頼られる優れた営業マンになる！」というのはどちら？

アレ？ と戸惑った方もいると思います。

意外なほど、目標と目的の意味を理解せず、間違った行動原理で動く人が多いからです。はっきりさせましょう。「目的」とは実現しようとしてめざす〝方向性〟のこと。さらには存在意義です。だから目的にはゴールがありません。追い求める方向性そのものが目的だからです。一方の「目標」は、目的に向かっていくための通過ポイントといっていい。

冒頭の質問でいえば、「売上ナンバー1」は目標です。具体的な数値でもって表される通過ポイント。そして、「優れた営業マン」というのは目的です。漠然としていますが、追い求める方向性として合致する。さらには存在意義でもあります。ゴールもありません。

階層としては、「優れた営業マン」（目的）に至るための一つの到達点として「売上ナンバー1」（目標）がある。そんな構造になっているわけです。

この順番が逆になっている人が、実に多いのが残念です。

「売上ナンバー1」を最上位のミッションに掲げて仕事をする。

「契約数の、前年度比20%アップ」を目指して無我夢中で走る。

そんな個人の目標は、お客さまや社会にとっては、どうでもいいことでしかありません。

会社にもこうした目標と目的を履き違えたところが見受けられます。だから、利益や数字をモラルや法令より下にしたり、お客さまへの貢献や従業員の幸せをおざなりにするなど、本末転倒な事態を生む。ガバナンスが揺るがされるのです。働く人が疲れる会社です。

「目標」としての利益追求や、お金儲けを否定しているわけではありません。お客さまのために良い仕事をし、結果として利益を得られるのは当然のことです。

しかし目的が先で、利益は結果です。20代の今のうちから、その順番をしっかりと認識し、良い仕事をして、大きく会社を、そして社会を幸福にしていってください。

○ 20代を後悔しないために ▼ **両者を混同すると、成功しても長続きしない**

思考力 ②

SECTION_07

まずは「月間目標」を立てる

目的と目標の違いを意識することはとても大切ですが、20代で自分の人生の目的（＝存在意義）を見つけ出せる人は少ないと思います。しかし、長期的には、自身の生きている「目的」を見つけていくことが大切です。そうすれば強く生きられるからです。私がお薦めしているのは「月間目標」を立てることです。毎月1日にその月の目標を立てるのです。それを毎月繰り返します。

2つの目標を立ててください。ひとつは仕事上の目標。できれば、ここまで話してきたような目の前の仕事の「本質」を勉強するような目標。もうひとつはプライベートな目標。家族と食事するでも、恋人と美術館に行くでも何でもかまいません。**それを毎月繰り返しているうちに、自分なりの目標の立て方が自然に分かってくるはずです。さらに長期的な目標や「目的」も分かってくるようになるはずです**（『小宮一慶のビジネスマン手帳』（ディスカヴァー・トゥエンティワン）を使うと毎月目標を立てられるように工夫されています）。

志があれば先人を超えられる

大分前に一代で一部上場企業を築いた方から、「志は気の帥《すい》」という言葉を教えていただきました。

例えば「朝起きられない」というのは、自身の志がないからです。自分の人生の目的や目標がはっきりと見えていないからです。

「自分はこうなりたい」
「あんなことを成し遂げたい」
「周りを幸せにしたい」

——本心から、こうした高い目的や目標、志を抱けていれば、朝起きた瞬間から、人はその志に向かって走り始めるものです。ダラダラと寝坊するヒマなどなくなります。逆にいえば、日々「眠い」「だるい」などと言っているのは、目的意識もないままに生きているからといえます。

> 20代を後悔しないために
>
> ▼
>
> 志ある人が先人を越えるから社会は進歩する

そして、掲げる目的や目標が高く、それに向かって行動していれば、「それはすばらしい」「おもしろいことを言う」「すごいやつだな」と、周囲が関心を持ってくれるかもしれません。

「売上ナンバー1」や「金持ちになりたい」だけでは、こうはいきません。

志が高ければ、賛同者が集まる。

それはまたあなたの夢を実現させるサポーターになってくれるわけです。具体的に協力者が現れることもあるでしょうが、自分自身でも「あんな高い志を公言した手前、実現させないわけにはいかない…」と、いい意味で自分の行動を縛ることになるからです。

「自分ならできる」と思う最高の高い目標を、20代の若いうちにどんどん掲げてください。

それが世の中を良くするものなら、あなたの未来を明るくしていくのです。

思考力
②

SECTION_09

「グーグルの自動運転自動車」から何を考えるか

グーグルが開発を進めている自動運転自動車をご存知でしょうか。

目的地を入力すれば、最短距離で目的地に連れて行ってくれる夢のような移動手段。車間距離も自動調整して、交通事故もなくすことを狙っているようです。それを無料で提供することをグーグルは考えています。

当然グーグルとしては、これまでのグーグルの検索結果などからユーザーの嗜好を知っていますから、自動運転の車に乗れば、「近くの○○店では、あなたが好きな△△の新商品があります」などの広告を流すことで収益を得ようとするのでしょう。

「すごい！」で終わらず、もう少し考えなければなりません。

無人になるというのは「いらない人間が増える」ことに他なりません。

先述したように、銀行のカウンター業務は9割以上がＡＴＭに替わられ、大幅に人員削減されました。

駅の改札は自動化が進み、切符切りという職業はほぼ絶滅しました。無人自動車もそんな破壊的なイノベーションを産み出しうる製品と考えられます。

車がタダでやってくるなら、タクシーやバス事業は今まで通りでは成り立ちません。車の所有という概念も変わるかもしれません。自動車産業にとっては大きな問題です。

無人自動車が実用化されそうだ…という話を聞いたら、「世の中はどう変わるのか？」と考える習慣を身につけてください。

さらにそこにとどまらず、「串団子」と「志」に目を向けつつ、こう思考してください。

「普及したら、人々はどんなニーズを抱くだろう？」

「何か新しいビジネスはできないか？」

少子高齢化が進み、生産年齢人口の減少が進む日本では、とくにＩＴ活用による無人化が進むでしょう。それは「便利」な社会であると同時に、危機感を持つべき未来です。

また、危機をチャンスにもできる社会とも考えられるわけです。

二極化も進むでしょう。

片方はスマホゲームに熱中するように、無人化社会のユーザーとして利便性を享受しますが、便利な反面、ものを考えなくなりますから、思考力が大きく落ちることともなりかねません。切符を買うのもクルマを運転するのも、考えなくてよくなるわけです。

筋力と同じで、思考力も使わなければ退化します。

一方、社会の本質的なところはさらに複雑化するわけです。

思考力が高まれば、思考を巡らせ、新たなチャンスに繋げられる人、考えられる人となれるわけです。

あなたはどちらになるのでしょうか？

20代を後悔しないために

▼

便利な社会は、放っておくと頭が退化する

BOOK LIST_2

「考え方の基本」を学ぶ
ブックリスト

『村田昭治のマーケティング・ハート』（村田昭治　プレジデント社）

『スティーブ・ジョブズ』（ウォルター・アイザックソン　講談社）

『商売の原点』（鈴木敏文　講談社＋α文庫）

『一回のお客を一生の顧客にする法』（カール・スウェル他　ダイヤモンド社）

『経済学は人びとを幸福にできるか』（宇沢弘文　東洋経済新報社）

『実践経営哲学』（松下幸之助　ＰＨＰ文庫）

PART

2

プランを実行し
結果につなげる
「行動力」を養う

○

「20代を後悔していること」例

「勉強や会議は好きだが、
前例がなかったり、
反対する人がいたり、
ハードルが高い仕事だと思うと
尻込みする人間になってしまった」

CHAPTER3

行動力

1

「努力を続ける力」をつける

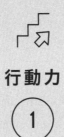

行動力 ①

SECTION_01

「概念の遊び」を仕事と勘違いしない

ビジネスの世界に「努力賞」はありません。

「頑張っている自分にご褒美」と言っている人を見ると、成功しない人だなと思います。

なぜだか分かりますか。

頑張ることは大切ですが、それは必要条件。十分条件は結果を出すことです。頑張っているなら結果を出さなければ誰も評価しません。**「結果を出した自分にご褒美」が正解です。**

目標や結果は「メジャラブル（測定可能）」でなければダメなのです。

もちろん、プロセスは大事ですが、それは目的化されるものではない。**むしろ、しっかりとしたプロセスを踏んで頑張ったのに、成果が出ないのは社会人として最悪です。**

ＰＡＲＴ１では、後悔しない20代を送るために、目の前の仕事を掘り下げたり、良書を読み解いたり、世間のニーズを推し量るなど「思考力を磨く」ことの大切さを説きました。

もっとも、それはあくまでインプット。いわばプロセスでしかありません。

ビジネスにおいて評価されるためにはアウトプット、成果を出す必要があります。

そのためには、思考力を十分に高めた上で、「行動する」ことです。

思考力と行動力。

この両方を持つことが、ビジネスパーソンとして成功するための必須条件だというのは本書の冒頭で示したとおりです。加えて言えば、行動力がなければ、決して結果を出せません。いくら多大なインプットをして思考力を高めても、行動に移さなければ世界は1ミリも変わらない。自分自身もなんら評価されないのです。

私は会議が大嫌いです。会議を仕事と勘違いしてはいけません。あくまでも結果を出すための手段でしかないのです。

もちろん、情報や意見の交換が必要な場合もありますが、それはあくまでも手段です。会議で必死に「概念の遊び」をしても仕方ありません。机上の空論でしかない。

できるビジネスパーソンほど、概念の遊びに溺れません。結果にこだわります。実際の行動に移し結果が出なければ、どんな発想もまったく意味をなさないのです。

20代を後悔しないために
▼
「努力賞」を欲しがらない

行動力
①

SECTION_02

早朝出社が人生を変える3つの理由

朝早く出社する。そんな行動をとるだけで、あなたの評価は確実に上がります。上司にほめられるからではありません。良い仕事ができるからです。

早く出社するメリットは、まず**「疲れない」**こと。通勤ピークの混雑した電車に乗らずにすめば、楽です。疲労が溜まらないので、出社直後から元気よく働けるわけです。また早朝の空いた車内なら新聞を読めるからインプットにも差が出ます。

2つ目は**「仕事に集中できる」**ことです。始業前なら、電話も少ない。静かな空間で、集中して仕事に取り組めます。企画書や報告書作成など一人でできる業務はすべて、この「ゴールデンタイム」に完了できるわけです。静かではかどるので、いつもより早く終わらせられます。

そして、3つ目のメリットは**「チャンスに近づける」**ことです。

朝誰より早く出社すると、その後出社する人たちの全ての行動を見られます。後から出社した人間は、それ以前に出社した人々が朝、何をしていたか全く分からない。

この差は大きい。例えば、フライング気味に早朝からお客さまからの問い合わせや新規発注の電話が入るのはよくあること。遅れて出社する人間は絶対に手にできないチャンスです。隣に座った後輩がクレーム対応に頭を抱えている…。そんな姿もいち早く察知できます。大ごとになる前に火消しできるかもしれません。

さらに**デキる上司ほど朝早く出社しているものです。**朝からテキパキ仕事をこなす姿は、値踏みされているはずです。これら定時出社組には得られないあらゆるチャンスを早朝出勤者はものにできるのです。

私は毎朝7時台に出社し9時前後にお客さまの所や出張などに出かけることが多いです。そのとき、ごった返す駅にはいかにもぶすっとした顔で会社に向かうビジネスパーソンの大群を見かけます。朝のゴールデンタイムを使えていない。「もったいない」「残念だな」と思うと同時に、「この人たちは出世できないな」と思います。遅い出勤を「重役出勤」といいますが、**本当に重役になるのは早く来る人です。**重役になってから遅く来ることです。

○ 20代を後悔しないために ▼ **満員電車で通うとそれだけで「負け組」になる**

行動力 1

SECTION_03

まわりはほとんど凡人と知っておく

周囲のほとんどの人間は、一生「凡人」で終わる——。

このことも、ぜひ20代のうちに気づいておきたいことです。

冷たいようですが、客観的に考えてみましょう。

同期が20人いるとして、全員が社長や役員になれるはずがありません。当たり前の真理です。だからこそ若いうちに、こんな気持ちを内包しながら働くことが大事です。

「凡人のペースに合わせて仕事しない、凡人と同じことをしない」ことです。

周囲を無視して、好き勝手に働け、ということではありません。**人は出し抜かれることを最も嫌います。変に目立つと足を引っ張られるかもしれない。協調性は大切です。**たとえ凡人でも、上司や先輩だっているだろうから、言葉の使い方は丁寧に。挨拶もしっかりと。的外れでも、助言や苦言には耳を傾けます。

しかし、自分は目の前の仕事をしっかりと掘り下げて、工夫して、誰よりも良いアウトプットを素早く出します。そして**時間が空いたなら、周囲の人の仕事を手伝ってあげるのです。自分の仕事以外の経験を積めるし、何より感謝されます。**

環境が人をつくる。昔からよく言われることです。どんな会社も、ほとんどが「凡人」であるとしたら、それは立派な〝環境である〟ともいえるわけです。

凡人の環境に染まったら、あなたも同じ色に染まります。

例えば、創意工夫なしに適当に仕事をして、会社が終わったら飲み屋へ直行。仕事しているときよりいい顔で上司の悪口……。そんな凡人の極みのような同僚や上司と同じことを10年もしていたら完全に同化します。いわば〝凡人化〟です。

そんな「凡人上司」に飲みに誘われてたまに行ったとしても一次会で帰りましょう。「つきあいが悪いやつだ」などと陰口をささやかれない程度につきあう。

しかし、皆が二次会で泥酔している時間はパスする。読書するなり、しっかり睡眠をとって明日に備える。**凡人との付かず離れずの距離をキープしながらも自分なりの努力を忘れないことです。**

〇
20代を後悔しないために
▼
凡人と一線を画しながらも協調性はキープする

行動力 ①

SECTION_04

「足るを知る」は20年早い

「足るを知るは富む」

――有名な老子の言葉です。

「求めてばかりではなく、満足していることを知っている者が富む者だ」という意味です。

右肩上がりの成長を終えた日本では、この20年ほどで、この言葉が盛んに聞こえてくるようになりました。ガツガツと前のめりにならず、もう十分にいろいろなものを手にしているのだから、「足るを知って生きようよ」ということなのでしょう。

「うん、そうだよな」などと深く頷いていませんか?

20代の若さで、足るを知ってはいけません。

本来、老子のこの言葉は、為政者や権力者を戒める意味で生まれた言葉です。上に立つ者は下にいる人間に対して、おごらず、寛容に接した方がいいというのが根底にある。

それなのに、20代で、まだ何もなしてない人間が、この言葉を腑に落としては的外れです。

単に目の前の仕事や、成長することがしんどくなって、「もういいや」と投げ出したくなっているとしか思えません。

足るを知っているのではなく、やるべきことをやっていないだけの話です。

お金が欲しい、いいクルマに乗りたい、高い時計をつけたい。そんな物欲については、早めに足るを知って、自分に相応しいもので満足しておいたほうがいいでしょう。

しかし、向上心や知識欲、向学心や世の中への貢献に関しては、「足らぬ」を知らなくてはいけないのです。

「まだ勉強が足りない」

「もっとお客さまの役に立てるようになりたい」

「もっと社会に貢献したい」

――社会の役に立つことに貪欲さを持続できる人間が、最終的に「足るを知る」と本心から言える立場に立てるのです。

20代を後悔しないために

▼

物欲には「足る」を知り、向上心や社会への貢献には「足る」を知ってはいけない

行動力 ①

SECTION_05

目標達成に努力、工夫する

「体育会系の部活動経験者」「(文化系ならば) コンクールや全国大会での上位入賞者」経営者の中には、こうした経歴を持っている人材を採用したがる人が多々います。

理由が分かりますか? 目上の人の言うことをよく聞くから? それもあります。

彼らは若いうちに目の前のことを「頑張る習慣」を身につけているから。目標達成のために「努力する習慣」が、成功体験として身についているからです。数カ月後の大会に向けて日々走り込みや素振りをする。アンサンブルを合わせるために自分の弾くパートを毎日何度も何度も練習する。こうした紙一重を積み重ねていくような習慣が身についている。それが後の栄光に繋がることを知っているから、当たり前のように頑張れるのです。

会社には、さまざまな仕事があります。

誰しもが、希望する場所で働けるとは限りません。配属先や転属先は、タイミングによって変わる。そんなとき「ここは俺がやりたい仕事じゃないから」「自分の希望とは違う」

などと、やる気を失われたら困ります。

しかし、努力する習慣を持っている人は、どんな些細な仕事でも工夫し、やりぬく。小さな仕事ですら、はっきりした実績になるような結果を出してくる傾向が強いからです。

そう言われても、体育会系でも、楽器演奏者でもなかった?

ご安心を。頑張る習慣は、まだ20代なら仕事を通して身につけられます。

目の前の仕事、それがどんなものであっても、必ず誰かが評価してくれるほどの成果を出す努力をしてみてください。仮に切手貼りでも、誰より早く美しく貼る。同時にムダのない貼り方を見つけ出してみてください。さらに空いた時間に「何か手伝います」と周囲に声をかけるのです。伝票を整理するのでも、コピーをとるのでも、営業電話をかけるのでも一緒。**そこで頑張り、成果を出した者から、次の仕事、上位の仕事が与えられるのです。**

仕事をより好みして「誰がやっても同じ」などとしたり顔で言う。そんな風に努力ができない人ほど、30代、40代になっても、切手貼りや伝票整理ばかりする羽目になるのです。

20代を後悔しないために

▼

些細な仕事でも、人が評価するレベルの成果を出す

行動力 ①

SECTION_06

東大卒もそれ以外も新卒時はそれほど大差ない

「あいつは頭がいいからな…」「彼は優秀だからなぁ…」

仕事のデキる同僚に、そんな嫉妬のような感情を抱いてないでしょうか?

私に言わせれば、20代、とくに前半のほとんど新卒の頃というのは、東大卒だろうが、それほど有名でない私立大卒だろうが、さほど大差がないというのが現実です。

「頭のデキが違うから…」など、言い訳でしかないのです。

ここでも経営者目線でみてください。雇ったほうからしてみたら、いい大学を出ている人間も、高卒の人間も同じ「社員」でしかありません。**学歴などどうでもよい。会社が興味があるのは「貢献してくれること」「成果をあげてくれること」だからです。**

もちろん、頭の良さ自体は、人によって差があります。

頭はエンジンのようなもの。そもそも排気量の大きい人はいます。

しかし、勘違いしがちなのですが、大事なのはその頭を使って、どのように努力できるか、ということ。そして、**潜在能力の高い人ほど、努力をするのが事実なのです。**前出のスポーツや部活動でいい結果を残した人たちと同じ理屈です。いい大学に入ったということは受験戦争を勝ち抜いたということ。「努力を積み重ねると良い結果が訪れる」という成功体験があるから、努力することに労苦を感じにくい面があります。一方で、頭のさほどよくない人、エンジンの小さい人は、努力しても結果が見えづらかったため「努力しても変わらないじゃないか」と思い込みがちです。努力が苦手なだけなのです。

ビジネスの世界に入れば、またスタートラインは同じになります。リセットです。

今、ここからがスタートです。日々の仕事の中で、努力する大切さを味わう。今から小さな成功体験を積み上げていけばいい。努力を続けるポイントは、どんな些細な仕事でも一生懸命努力して前向きに対応すること。同時に「お、前よりいい仕事ができた！」などと、誰かにほめられなくても、自分で自分を褒めることです。

人は評価で生きる。しかし、自分で自分を評価していいし、自ら評価できるくらい、思い切り努力を続ける習慣を、身につければいいのです。

20代を後悔しないために

▼

学歴を気にする暇があったら、目の前のことに努力する

行動力 ①

SECTION_07

就職・転職に失敗しても「今いる場所」でしばらくは努力する

今でこそ売り手市場に傾きつつありますが、つい最近まで新卒採用は氷河期状態でした。だから、足早に転職を考える人が多いようです。「もっと大きな会社に行きたかった」「就活に失敗した。ここは俺の居場所じゃない」といった具合です。しかし、まずは今いる場所でしばらくは頑張ったほうがいいでしょう。もちろん過重労働や違法労働を課すような、いわゆるブラック企業ならすぐ飛び出したほうがいい。しかし「もっといい会社に…」と思う程度なら、最低でも2年間は今の会社で働き続けることを強く薦めます。

理由の1つは「ジョブ・ホッパーは転職市場で嫌われるから」です。

ジョブ・ホッパーとは、短期間で職を転々とする人材のこと。彼らは雇用者には、忍耐が弱いのに自己中心的な人間にしか映りません。一生懸命働いて前の会社で貢献してきた人と、イヤだから逃げ出した人、どちらが雇用側に魅力的な人材に映るか、という話です。

そして、2つ目の理由は「どんな職場でも必ず学べるものがある」からです。

とくに本来入りたくない業界にいて、将来の転職を考えているなら、なおさら貪欲に学び取るべきです。世の中は複雑化し、これまでの業界の常識が陳腐化しています。逆にいえば、異業界の知恵やノウハウが、斬新なアイデアとして重宝される時代になっている。異業種の知見を持つことは、実は大いに武器になるからです。

「とはいえ、今自分がいる会社には学ぶべきことなんてない…」？

そんなことはありません。コツがあります。もっと今の仕事に「関心を持つこと」です。例えば、あなたはセブン-イレブンのロゴの最後の文字だけが小文字の「n」だと知っていましたか？　毎日のように利用している方でも気づかない人は多いのです。コンビニの看板になど「関心が無い」からです。**逆に人は「関心のあること」は、自然と目に入ってきます。**電車好きである私は、普段使っている四ツ谷駅の麹町口の改札機が全部で10あることも、出口階段が全部で30段あることも知っています。関心があるからです。

まずは関心を持ってください。目を凝らすと今いる場所には、学ぶべき知恵がある。それを身につけ、おみやげにして、別の会社に行った方があなたの価値は確実に上がります。

> ○ 20代を後悔しないために
>
> ▼
>
> **ブラック企業でなければ、最低２年は頑張る**

行動力 1

SECTION_08

「動く」ことを習慣にする

私の会社では、朝9時から全員でお掃除をします。私の担当はトイレ掃除です。創業以来20年間、男子トイレの担当は私です。

理由は3つあります。

1つ目は「トイレがキレイだと気持ちがいいから」。

これは当たり前のことですね。

2つ目はちょっと違う。**「行動しないと何も変わらない」ことを実感するためです。**

コンサルタントである私は、頭で戦略を練るのが大事な仕事。しかし、いくら知恵を絞っても、行動しなければ会社は1ミリたりとも動きません。売上は1円も上がりません。

トイレ掃除は「行動すること」の大切さを実感させてくれます。頭の中でいくら効率的で効果的なメソッドを考えついたとしても、手を動かさなければチリひとつ取り除けません。

トイレ掃除は、毎朝、そんな当たり前で、しかし大事なことを実感させてくれるのです。

すると、日々の思考が変わります。**「頭でっかちに考えていないか」「行動に移さなければ何も変わらないぞ」。日々の掃除から実行力と行動力を得られるのです。**他のコンサルタントたちにも同様に、身体を動かすことの大切さをお掃除で学ばせています。

そして最後の3つ目は「変化に気づくセンス」が培えるからです。掃除をすると、確かに磨いたところからキレイになります。しかし磨きにくいところや、磨いてもキレイにならないところもある。すると「気づく人」や「工夫する人」になれるわけです。

「だいたいこんなものでいいや」と適当にやったら、仕事も人生も「だいたいこんなもの」になる。「徹底的にやりつくした」と思っても、「まだまだやり足りないこともある」と感じられるわけです。すると、本業に向かっても真摯に徹底してやろうと思える。当たり前のことをちゃんと怠けず、誰よりも頑張ってやろうと思えるわけです。

チャンスがあれば、トイレ掃除でなくてもいいので掃除をしてみてください。行動が変われば思考が変わり、思考が変われば習慣が変わる。習慣が変われば、あなたの未来を変えることになるのです。

○

20代を
後悔しない
ために

▼

たとえば掃除で「行動」の大切さを実感する

BOOK LIST_3

「努力を続ける力」を学ぶ
ブックリスト

▼

『あたりまえのことをバカになってちゃんとやる』
（小宮一慶 サンマーク文庫）

『道は開ける』（デール・カーネギー 創元社文庫）

『小さな自分で一生を終わるな！』
（ウエイン・W・ダイアー 知的生きかた文庫）

『修身教授録』（森信三 致知出版社）

CHAPTER4

行動力

②

経験に投資する

行動力 2

SECTION_01

経験は最良の教師である

英語のことわざにこんなものがあります。

「Experience is the best teacher（経験は最良の教師である）」

その通りだと思います。若いうちはなおのこと、いろんな経験を積んだほうがいい。

若いうちなら体力もあるし、失敗しても失うものも小さいし、取り返すチャンスも多い。

経験を積む、ということは、めんどくさいことでもあります。いろんな場所を訪れ、いろんな人と触れ合う。それは家でネットを眺めているのと違い、体力も消耗するし、気疲れもする。ときに傷つくこともあるでしょう。

しかし、若ければすぐ回復できるし、大変な体験こそが、人生の宝物となるからです。

「経験が宝になる？　何だ、精神論か……」

違います。

脳科学に裏打ちされた話なのです。

文字や映像で得る情報より、経験で得る情報は、より記憶にとどまるといわれます。それは、脳科学の研究によると、最も記憶に深く残るのが「情動とセットの記憶」であることが分かっているからです。

「あれは大変だったなあ」「最高に笑えたなあ」「やたらと暑い日だったな」「なんともいえないニオイがしたよな」——。こうした感情の動き＝〝情動〟は、記憶と五感をひもづけさせます。記憶を思い出すきっかけが増えるわけです。こうした情動は、実際の経験でしか得にくい。経験が、より深い学びになる理由です。

「海外プロジェクトへの参画」「新規事業提案の募集」。経験を積むチャンスには、進んで手をあげてください。よほどリスクのあることでなければ失敗を恐れずにやることです。

恥ずかしい思いや辛い思いは、成功体験とともにとくに情動を揺るがします。「もう二度と同じ過ちをしない」という決意とノウハウをあなたに染み込ませる。失敗は自分をレベルアップさせるからです。同時に、他者に対する優しさを培うことにもなる。失敗経験は成功体験とともに、最良かつ最強の教師なのです。

20代を後悔しないために

▼

若いうちに多くの経験を積む

行動力 ②

SECTION_02

知らない道を歩くクセをつける

年をとればとるほど「ブランドチェンジ」をしなくなるといわれます。

特定のお店でしか服を買わない。いつもランチにいく場所は同じで、いつも同じ定食を食べている。飲みに行くメンバーはいつも同じで、毎回、同じ話で盛り上がる。仕事はいつもルーティンで進める……。勝手知ったる「お気に入り」しか選ばなくなるわけです。

これには理由があります。

私たちの脳は、なるべく最小限のエネルギーで最大限の効果を発揮するようにプログラムされています。一度記憶したことを繰り返すことは、実に効率的です。新しい情報をインプットする手間も省け、省エネになる。初体験と比較すれば、失敗する可能性もうんと低いです。それは動物として生存確率を高めることにつながります。だから、意識しないと私たちは「なるべく前と同じこと」をしようとするわけです。そして年をとるということは、「なるべく前と同じこと」を長く積み上げ、習慣化させてきたということ。こうし

○ 20代を後悔しないために ▼ 新しいことを選ぶ習慣を身につける

てお気に入りの場所、食事、人間ばかり選ぶ、極めて保守的な人間が増えていくのです。もっとも、すでに述べたように、今は「前と同じ」世の中では全くありません。これから先も変わり続けます。

ビジネスの世界もこの先、ますます変化し複雑化していきます。それに対応するためには、新しい試みや、新しい人脈、新しいアイデアを積極的に加えなければ立ち回れないようになっているのです。変わらないほうがリスクを高めるのです。

そう考えると、20代の頃に「いつもと同じ」「お気に入り」ばかりを選んでいる習慣は危険です。**「いつもと違う」を〝いつも〟選ぶのです。**

脳は繰り返したことを記憶して、習慣化するクセがある。ならば、「いつもと違うことを選ぶ」ことを習慣化すればいいのです。道が2本あったら、通ったことのない道を選ぶ。ランチは入ったことがない店で食べる。いつも同じ仲間とは遊ばない、といった具合。

これを重ねれば、今度は「いつもと同じ」に違和感を感じるように。「違う経験がしたい」とウズウズする。あなたの成功確率は明らかに向上するはずです。

行動力 2

SECTION_03

留学や海外勤務という苦労は買ってでもしたい

最近、若者の海外留学者が減っている。海外勤務を嫌がる人も増えている。そんな話を耳にします。少子高齢化で若者の人口が減っていることを考えても残念です。他のアジア諸国と比べて、留学生の比率は日本が圧倒的に少ないことは、寂しい限りです。

嫌が上でも、これからグローバル化が進みます。海を越えた取引はさらに増える。十年を待たずして、周辺国では、米国などで学んだ若きリーダーたちが中心となってビジネスを仕掛けるでしょう。そのときに日本が大きく遅れをとらないか、極めて心配です。

20代の皆さんは、そんな未来に後悔しないためにも、海外留学や海外赴任の経験を積んで欲しいと思います、例えば、米国のビジネススクールなどに入ることを薦めます。

日本にもいいビジネススクールが増えましたが、やはり海外を目指して欲しい。「苦労」の度合いが違うからです。私自身、東京銀行に入った4年目から2年間、米国のダートマス大学タック経営大学院に留学しMBAを取得した経験があります。人生観が変わるほど

「苦労」しました。米国のビジネススクールには、私も含めて全世界から人が来る。私のクラスもアメリカ人、ドイツ人、インド人、日本人と実に国際色が多彩でした。そのうえ皆、頭がキレる。自己主張が強いから授業でケーススタディが出されると我先にと手が上がり議論が始まります。なまった、しかもモーレツに早口な英語で実に苦労しました。加えてその積極性に触れて最初は大いに戸惑いました。しかし黙っていると「無能」の烙印を押される。私はその反動で「勉強しなくては！」というやる気をもらえた。京大卒、大手の銀行員、英検一級……当時、持っていた肩書や資格は大したものでないことが分かり、生身の自分で勝負せざるをえなくなりました。おかげで自分をしっかりさせなくてはということがよく分かりました。

苦労は最強の教師です。周囲も仲間として認めてくれ、勉学と共にこうしたコネクションができたことが今も人生の宝になりました。交流が続く友人が何人もいますし、同大学院のアジア地区のアドバイザリーボードのメンバーもしています。苦労は買ってでもせよ。よくいわれますが、どんなことでも挑戦してみることです。

行動力 2

SECTION_04

リスクを恐れず勝負できる30代になるには

20代のうちにリスクをとった経験を積み上げると、30代になってからでも、新しい挑戦や、新しい経験に挑める〝勇気〟を手にできます。

たとえば、私はカンボジアのPKOに行って選挙監視員をした経験があります。それは銀行をやめて、コンサルティング会社に入って、35歳になってからです。

きっかけは日経新聞の記事。当時、初めての自衛隊PKO派遣となり話題になりましたが、選挙監視員は民間人が参加できる機会でした。そこに手を上げたのです。

当初は、自衛隊の宿舎が根城となりましたが、到着するなり、最初のレクチャーは「もし迫撃砲で攻撃されたら」というものでした。実際の選挙監視で私が担当したのは市街地から遠く離れたお寺の投票所。電気もガスも水道もない場所で、フランス外人部隊と協力しながら、フィリピンから来た文民警察官と二人で監視しました。彼がすごかった。元空挺部隊の軍曹で、ラモス大統領の警護官もしていたという人だったのです。

「投票所の200メートル以内には銃火器を持ち込めない」という規定がありました。AK47というライフルの射程距離だからです。しかし、ある晩、私がクタクタになって寝て、朝起きたら、そのフィリピン人の彼が「夜、50メートル先にライフルを持った男が10人ほど来た」と言っていました。彼は、国連から支給されたトラックにエンジンをかけて、わざとそちらのほうにライトを照らし、いつでも私を連れて逃げられるように、そのままの状態で一晩いたそうです。その話を聞いて、さすがにプロはすごいと感心しました。経験から学んできた男の危機管理能力です。

おもしろいのが、ポルポト派にも襲撃された経験をもつ百戦錬磨の彼は、常ににこやかで落ち着いた人だったこと。修羅場を知るからこその落ち着きで、環境と経験がその肝っ玉をつくったのでしょう。私も貴重な経験によって少しは度胸をつけて帰国できました。今も多少のことでは緊張しないのは、あのときの経験があったからです。

カンボジアでの苦労も、ビジネススクールなどでの経験があったから耐えられたのでしょう。若いうちの苦労は買ってでもしろと言われますが、その通りだと思います。

20代を後悔しないために

▼

リスクを恐れないだけの経験を積む

行動力 ②

SECTION_05

経験のためのお金・時間は工夫次第

「時間とお金がなくて……」――留学などの経験を積め、と言うと、そんないいわけをする方もいるでしょう。そこから変えなくてはなりません。根本的な間違いです。時間もお金も工夫次第でなんとかなります。**目標があれば、お金も時間も作ることができます。**

私は、師匠の藤本幸邦老師から〝時間もお金も使うもの〟と教えられました。ところが、多くの人は、時間とお金に〝使われている〟のです。

時間は、万人に共通して与えられるものです。あなたの1日は24時間で、私の1日が36時間ということはない。皆が同じ時間の中で人生を過ごしているわけです。その意味で時間は平等で、どう使うかはあなたの自由なはず。それなのに「時間がない。時間がない」と言う人は、時間に使われているのです。時間をコントロールする意識が必要です。

また、**自分の意思でコントロールできないことに悩むことは、人間にとって最もストレスになります。**例えば昇進・転勤などは直接的には他人が決めることで、あなたに決定権はありません。コントロールできないことで悩むのはとてもストレスのかかることです。そんなことをする時間があるなら、一生懸命働くなど、自分でコントロールできることに集中したほうがストレスはたまりません。

そして、時間の使い方は自分でコントロールできるのです。だから時間に使われるのではなく、使うのです。

先にお伝えしたとおり、就業後に深夜まで飲み明かすのか、本を読む時間にするのか。休日は遊んで過ごすのか、何か仕事に関する資格の勉強を少しでもするのか。自らの意思で時間は使い方を変えられる、ということを忘れないでください。

お金も同様です。

収入を増やすことは簡単ではないかもしれませんが、使い方を決めるのはやはりあなたなのです。飲み代やゲーム代に消すのか、書籍代や留学費にまわすのか。

20代の今のうちに、時間とお金をコントロールする習慣を身につけることです。

あなた自身がコントロールするものであると考えたうえで大切に使うのです。

○

20代を
後悔しない
ために

▼

お金も時間も〝使う側〟に回る

「T字型」の人材になる

経験を積んでいくうえで、意識して欲しいことがあります。

「T字型」の人材になることです。Tの縦軸部分は、あなたの仕事で最も大切な「専門分野の知識や知見、能力、実績」です。しっかり勉強と経験を積んで自分しかできない深さを目指すことです。そのうえで横軸は「幅を広げる」つもりでどんどん視野を開げていくのです。

Tの横軸と縦軸は互いに相乗効果を発揮します。

縦の専門知識が深まれば、横軸の幅広いその他の興味についても深みが増してくる。縦軸が長くなることにつながります。あるいは、横軸が広がれば、縦軸だけでは決して見えない意外なヒントを得る機会が増えてくるからです。「まずは縦軸一つを極めて横軸を広げる」。この形を意識して日々精進するのが、30代以降も周りから評価され自分らしく生きる、最もシンプルな行動様式といっていいでしょう。

CHART_6

T字型人材を目指せ！

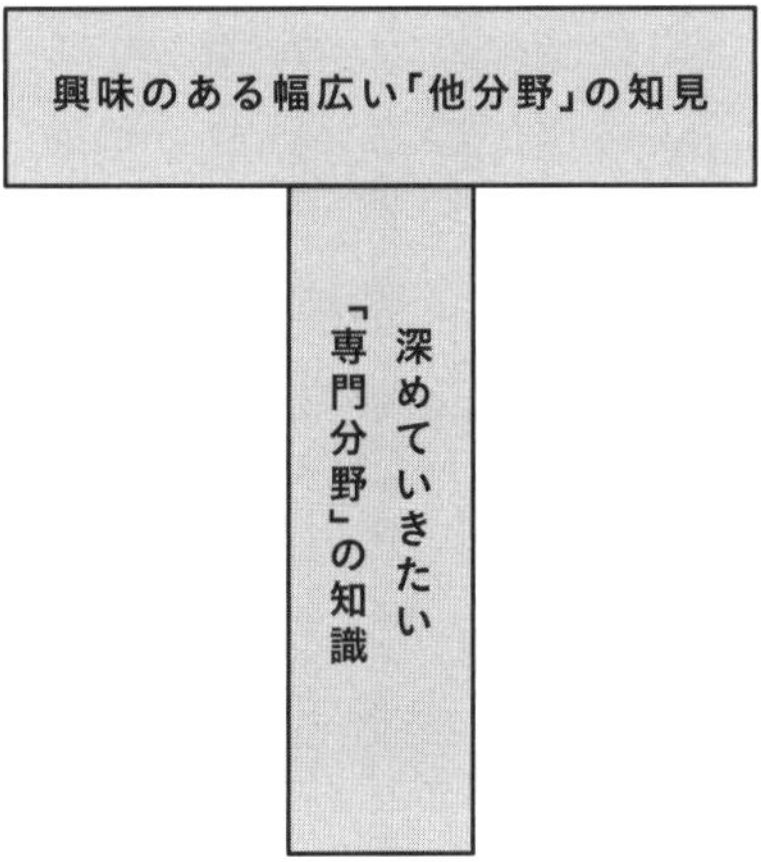

互いに相乗効果を生む。

BOOK LIST_4

「経験力」を養うブックリスト

『海賊とよばれた男』（百田尚樹　講談社文庫）

『ビジネスマンのための「実行力」養成講座』（小宮一慶　ディスカヴァー携書）

『カリスマ体育教師の常勝教育』（原田隆史　日経ＢＰ社）

『代表的日本人』（内村鑑三　岩波文庫）

『何でも見てやろう』（小田実　講談社文庫）

CHAPTER5

行動力

3

「人」に強くなる

行動力 3

SECTION_01

幹事をすすんで経験する

あなたは歓送迎会や忘新年会で「幹事」をよく頼まれるタイプでしょうか？

もし、そうならば、あなたは20代を後悔しない確率が高いかもしれません。

幹事という仕事は、気配りと機転と段取りの力が要求されます。「どんな目的の会なのか」「どんな方々が参加するか」。相手のニーズをリサーチして、店や時間や席を設定。事前に過不足なく連絡をして、当日はスムーズな進行を遂行する実行力も必要になります。人の気持ちを汲んで、コーディネーションする力が身につくのです。

幹事は「相手が何を望んでいるか」をつかみとり、それを具現化するのに最適なトレーニングになる。ひとえにそれはビジネスにおける行動力を育むことになるわけです。逆にいえば、幹事を満足にできない人は、仕事も満足にできない可能性が高い。

悪い例をあげましょう。

私が代表を務めるコンサル会社の社員A君が、まだ若手だった頃の話です。

当社ではお客さまを集めて、毎年海外合宿を実施しています。経営者の方々にお集まりいただき、海外の地でリフレッシュしながら、集中して経営について学び合うというもの。その舞台はグアムで、25名ほどの方々に参加いただいていました。

合宿日程は全部で5日間だったのですが、うち1名の方が1日早く帰国しなければならないことになりました。そこで私はA君に「明日のランチは、その方の送別会として皆で食事したい。ホテルのレストランを15席、予約してください」と頼んだのです。

すると、どうでしょう？　当日、確かにレストランに15席が予約してありました。

ところが、その席はすべてバラバラだったのです。

「何のために皆で一緒に食事をするか」というニーズがまったく見えていない。幹事失格です。本来なら、15人が机をつなげて座るのは、最低限の条件です。その席がゆったりと会話がもりあがるオーシャンビューの席で、先に乾杯用のシャンパンをオーダーするなど、先読みしていたらベターでした。

他人目線を鍛えるのに幹事はうってつけなので、進んで引き受けるのがいいでしょう。

20代を後悔しないために
▼
人に強くなる機会があれば買って出る

行動力 ③

SECTION_02

人間オンチでは上に立てない

ビジネスにおけるリーダーの仕事は、おおまかにいうと以下の3つです。

「組織の方向付け」「資源の最適な配分」、そして「人を動かす」こと。

最初の2つも実践するのは難しい。若いうちから新聞を丹念に読むなど、実力を上げていくことです。そして、「人を動かす」のも難しい。そのためには、まず人について知る必要があります。また、人を知るためには、実際にいろんな人と触れ合う経験を通して、心の機微を学び取っていくしかありません。だからこそ、若い皆さんには今から人と積極的に関わり、人というものがどういうものかを知ってほしい。松下幸之助さんは、リーダーとして成功するには「人間観」が必要とおっしゃっています。

「こう言ったらどう思うか」「こんなことをしたら相手はどう感じるか」——それに気づけない〝人間オンチ〟は、人を動かせないからです。

ひとりでできる仕事は限られます。多くの人と連携して、大きなことを成し遂げるようなビジネスリーダーには、人間オンチのままではなりえないというわけです。

裏を返せば、普段から気配りできる人は、仕事もできる。リーダーの素質がある。

経営の神様として知られる松下幸之助さんは、接待をするとき必ず一時間早く来て、座布団の向きまで自ら直したそうです。人を知る、気配りの人だったわけです。

「人の上に立つ経営者など志望していないから、俺は別にいいかな…」

それは違います。これからは誰もが人を知り、気配りを磨く必要があります。

人を知り、人を動かす仕事は、コンピュータに替わられにくい仕事だからです。

物事をパターンとして理解して、アルゴリズムを見出して、正確に素早く処理する。こうした仕事をコンピュータは最も得意としますが、人を知り、先読みして、気配りするようなことはできない。IT化が進んで、これからもどんどんいらなくなる仕事、価値が低くなるスキルがあるでしょう。ただし、人を動かすマネジメント分野だけは、必ず残るはずです。それは人と触れ合い、知ることでしか磨かれない。

だから、人と積極的に接することです。それがあなたを将来のリーダーへと導くのです。

20代を後悔しないために

▼

人情の機微が分からなければ良い成果は出せない

行動力 3

SECTION_03

「バカの親切」は迷惑

「僕は気配りには自信があります」「かわいがられるタイプなので人づきあいは得意です」20代の中にも、〝人たらし〟を公言するような人がいます。

本当にそうなら結構なことだと思います。ただ、この言葉も胸にとめておきましょう。

バカの親切ほど、はた迷惑なことはありません。

「自分は気配りができる人間だ」などと自負するタイプほど、「皆はこれを求めているだろう」と自己中心的な思い込みを、相手に押し付ける傾向があります。

「甘いものが苦手な方に、手土産として饅頭を持って行ったりする」「実は愛想笑いしているだけなのに、ウケていると思い、延々と無駄話をする」といった具合です。

人の感情は実に多様です。その前提を知っていれば謙虚になれますが、知らないままだと自分の価値観を、知らず知らずのうちに押し売りするリスクがあるのです。

動かないほうがまだまし、ということがままある。

毎年、私が主宰している講演後の懇親会の席でのことでした。

ある参加者の方が「準備が遅れているから…」と気遣って「乾杯用に」と、出席者にそそくさとビールをついでまわってくれました。しかし、いらぬお節介でした。実は、その懇親会にはある有名な酒蔵の社長が参加していて、毎回、「最初の乾杯はその方の日本酒でする」というのが、決まり事になっていたからです。

ビールをついでくれた方は実は今回が初めての参加。それを知らないから「良かれ」と親切心でビールを注いでくれたわけです。しかし、酒蔵の社長はおもしろくないはず。いつものルールを知っている常連の方々も、苦々しい表情をされていました。

こうした悲劇を避けるためには、どうすればいいか。答えは2つです。

まずは「こうしたいのですが、いいですか?」と、先に周囲に聞くことです。

その上で、周りの人に気遣いながら行動することです。

当たり前?　そう。そんな当たり前ができず、自分のアピールを優先するから、「バカの親切」は迷惑なのです。

20代を後悔しないために
▼
自分の気配りが間違っていないかチェックする視点を忘れない

行動力 ③

SECTION_04

いつも2割は客観的に自分を見る

世の中は善人ばかりではありません。あなたの足を引っ張ろうとする悪い意味でのライバルや、あなたを騙して利益を得ようとする悪い人間も少なからず存在します。

しかし人を知り、相手のことを考えられるようになれば、彼ら悪人の気持ちにも気づけるようになる。こうしたリスキーな相手を事前に察知し、遠ざけられるのです。

そのためにも「**どんなときでも、2割は冷静で客観的に自分を見る**」訓練をしてください。

例えば儲け話に騙される人は、欲望に支配されて夢中になるから騙される。夢中というのは、視野狭窄になって、周囲が見えていない状態のことです。しかし、常日頃から頭のどこかに「2割は冷静に自分がやっていることを見よう」と意識していると、違います。「そんなうまい話があるはずがない」「本当に簡単な儲け話を、簡単に他人に教えるはずがない」と当たり前に気づけるのです。コツは、物理的に自分が自分を少し離れた席から見ているような感覚を身につけること。客観的な〝もう一人の自分〟を置くようなイメージです。

私は、現在8社で社外取締役をしています。それぞれの会社の役員会に行くとき、実はそんな情熱8：冷静2の意識で参加しています。しっかりと会社の中に入っているようでいて、2割は冷静な視点で外から経営を見ているイメージ。すると、完全に中にいる人間よりも物事の本質が見え、合理的な判断もできるのです。

冷静さを常に持って人を見る人間は、出世も早いものです。

私が以前勤めていた東京銀行は、三菱銀行などと合併し、三菱東京UFJ銀行になりました。合併する、それも自分たちより大きな銀行と一緒になるなど、多くの人には嫌なものですが、それでも出世した一人は実にユニークでした。彼は合併した時、他が肩を落とす中、「日本一の銀行に勤められて幸運だ」と公言していたそうです。前向きさはまず強みです。それを聞いた上司や他の役員が、自分にどんな印象を持つのか。人の心の機微をわかったうえで、冷静にあえて放っていた言葉だと私は考えています。上に立つのは、そういう冷静さと情熱を持ち、周りの人の人情の機微が分かる人間ということです。

○ 20代を後悔しないために ▼ 「情熱8、冷静2」で人や仕事を見る

行動力
3

SECTION_05

使われ上手は使い上手

ビジネスをしていると、イヤな相手と付き合わなければならない局面があります。

よくいるのが、あきらかに無能だが態度だけ大きい先輩や、理不尽なことを言う上司ではないでしょうか。気が合わないお客さまもいるでしょう。先輩も上司もお客さまも、あなたには選べないのが辛いところ。そんなとき、どうすればいいのか？

論語に「**敬してこれを遠ざく**」という言葉があります。自分と合わない人間にも礼儀を失しない。それでいて同化したり近づきすぎたりすることなく距離を置くということです。

ビジネスのほとんどが団体競技です。上司と部下が仲違いしたらパフォーマンスを発揮できません。苦手な上司だからといって無視したり、生意気な口をきいたら、相手が自分を嫌うのは当然のこと。上司はあなたにネガティブな評価をするのは目に見えています。人はメンツをつぶされることを最も嫌う。恨まれること必至です。そうでなくとも、はたから見て、目上の人間に抗う人間の態度は好ましいものではありません。「なんだか生意気なやつだ」と遠ざけられます。いずれにしても、損するのはあなた。

だから、きちんとした態度や礼儀、言葉づかいで接する。理不尽な命令や非効率的な仕事にも「はい」と返す。しかし、こっそりと自分なりに工夫して成果の出そうなやり方を粛々と進めるのです。もっとも、上司だから先輩だからとすべてにイエスマンである必要はありません。一定の敬服はしながら、しっかりと距離を置きながら自分の仕事をしっかりとやるのです。ダメな上司、無能な先輩は必ず会社の出世レースの途中で脱落します。しかしそれでも上司ですから、しっかり立ててあげることです。ダメな上司をしっかり立てる有能な部下を周りは「すごいやつだ」と必ず見ているはずです。しかしあまりべったりとは付き合わない。こうして良い距離感を保ちながら、それでもあなたが良い仕事をしていれば、会社はそれを見逃さない。会社はそういう人を求めているのです。

使われ方がうまい人間は、上の人間の気持ちも、下の人間の気持ちもよく理解することができます。反面教師として上司のあり方も学ぶ。**人に使われるのがうまい人間は、使うのがうまい人間になれる、というわけです。使われ上手になりましょう。**

○ 20代を後悔しないために ▼

問題ある人間には「敬してこれを遠ざく」

行動力 3

SECTION_06

できる人は意外なところを見ている

人の話を聞いているときは、メモをとる習慣が大切です。

記憶力がいいから自分には必要ない？　そういう問題ではありません。それは〝人オンチ〟である証拠。メモをとる理由は記録することだけではないのです。

「あなた（目の前にいる人）を敬っています」という意思表示になるからです。

メモをとるということは「価値の高い情報だから、心に留めておきたい」ということ。ひいては、そんないい話を教えてくれたあなたはすばらしく価値ある人だと「リスペクトしている」のと同じ行為なわけです。

人は誰しも強い承認欲求を持っています。人の話をメモすることは、最も簡単に相手の承認欲求を満たすことになる。上司や先輩などが打ち合わせやミーティングで話していたら積極的にメモをとる。相手もそれに気づくはずです。

先輩や上司から「勉強熱心で感心なやつだ」と思われると同時に「俺のことをリスペク

トしている。かわいいやつだ」とも感じられるでしょう。

もちろん、実際に手を動かしてメモをすることで、よりインプットが深まるメリットもあります。すべてのことを覚えるなど不可能ですし、記憶はいくつかのインプットが重なったほうが定着率が高まるからです。

同じ情報でも「耳で聞く」だけではなく、メモをとれば「目で読む」ことにもなり、「手を動かす」ことも加わる。あとで見返すことができるというだけではなく、メモをとる行為そのものが記憶しやすい動作になっている、というわけです。

例えば、上司から仕事の改善点などを指摘されたとき、それをしっかりメモにとったほうが、実際の改善も間違いなくしやすくなります。これもまた、上司にとっては「かわいいやつだ」と思われる要因になるでしょう。

結果はもちろんのこと、デキる上司ほど、部下の所作も見ているものです。

しっかりとメモをとり、向上心を持って仕事にあたっているか、チェックしています。意識してメモをとり、アウトプットにつながりやすいインプットを日々、続けてください。

行動力 ③

SECTION_07

できる部下に「プロセス管理」は逆効果

20代でもキャリアを積むうち、部下や後輩がついてきます。

上長になると、下っ端でいる時よりも、はるかに仕事に責任が出てくる。

これまであなたが上の人々に感じていたような「残念な先輩」「デキない上司」などと思われないように、マネジメントに携わる際には、次のことを徹底してください。

プロセスのアドバイスはするが管理をしないことです。やったことをすべて報告させる上司がいますが、最低です。やり方を教えたり、やったことに対してコーチするのは必要ですが、すべてを教えたり、報告させるなど、ムダ以外の何物でもありません。

繰り返しになりますが、会社が求めているのは「成果」です。「プロセス」ではない。アウトプットを出すことが大事であって、そのためのプロセスが大事なのではありません。

もちろん、法律違反などをさせてはいけません。ある程度のことを教えることは必要ですが、すべてのやり方を規定してはいけない。ましてや、それをすべて報告させるなどはムダです。相手を信じていないことになります。それでは工夫が生まれず、部下が育たないのです。任せることをしないと「では、こうしたほうがいいかもしれない」「あっちを試そう」というような自発性や工夫が生まれなくなります。

「必ずこうしなければダメだ。俺の言う通りにやれ」、しかも「それをすべて報告しろ」などと言われたら、どうでしょう。おもしろくないのが人情。工夫も何もする余地がなければ、部下がやる気をなくすのは必至です。そのうち、言われたことしかやらなくなります。それでは部下も育たない。**未来ある部下や後輩を潰すのは犯罪です。**

「ああしろ、こうしろ」ではなく、「こんな結果のために、まずやってみろ」と任せる。ただし、必要ならコーチはする。結果をチェックし、責任だけはしっかりとり、規律だけは守らせて、しかし、プロセスはある程度自由に任せるのです。

管理とは、やれない人を普通の人にする行為です。トップランナーにするものではありません。できる人を思い切り走らせるのが本当に強い会社で、上を目指すあなたがすべきマネジメントではないでしょうか。

20代を後悔しないために

▼

できる人には「規律の中の自由」で遇する

BOOK LIST_5

「人」に強くなる
ブックリスト

『人を動かす』（デール・カーネギー 創元社）

『指導者の条件』（松下幸之助 ＰＨＰ文庫）

『リーダーシップ』（山内昌之 新潮新書）

『9つの性格』（鈴木秀子 ＰＨＰ文庫）

『ビジネスマンのための「人物力」養成講座』（小宮一慶 ディスカヴァー携書）

PART

3

自己チューを卒業し「正しい考え方」を学ぶ

「20代を後悔している」例

「間違った方向に努力して、
気がついたら
残念な人になっていた」

CHAPTER6

正しい考え方

①

「優秀な20代」の落とし穴を知る

正しい考え方 ①

SECTION_01

できる人ほど「正しい考え方」が大事

能力×熱意×考え方――京セラの創業者で最近はJALを建て直したことでも知られる名経営者の稲盛和夫さんが示した「人が成功するための公式」です。能力も熱意も必要ですが、それはゼロから100点で、考え方はマイナス100からプラス100点まであると稲盛さんは言います。**ポイントは掛け算であることです。**いくら高い「能力」があっても、いくら熱い「情熱」を持っていても、マイナスの「考え方」を持っていたら、全ての行動はおかしくなるということ。例えば「オレだけが成果を出せればいい」「自分だけ儲かればいい」。こうした誤った考え方を持ってビジネスにあたったら、誰の協力も賞賛も得られないということです。

逆に「社会に貢献したい」「多くの人に喜ばれたい」と、考え方が大きくプラスに傾いていたら、能力や熱意を大きく増幅してくれるのです。アウトプットが変わります。成功が転がり込んでくるのは目に見えています。「正しい考え方」を身につけることです。

CHART_7

「考え方」は我流が最も危険

稲盛和夫さんが提唱する
「人が成功するための公式」

能力 × 熱意 × 考え方

＝

成功！

正しい考え方 1

SECTION_02

社会に貢献するために働く

「オレがオレが…」と自分のための成果を求めて働く——。

断言しましょう。世間の人はそんな自己チューな人間が大嫌いです。

社会は、あなた個人の成果や成長を望んでいるのではなく、社会への貢献を望んでいるのです。会社はもちろん、あなたの成長を望んでいますが、それは成果を出してくれるためです。

しつこいようですが「あなたがどれだけ会社に貢献してくれるか」を望んでいるのです。会社に貢献するために、あなた個人が成長することは歓迎するでしょう。しかしそれは目的ではない。むしろ、「オレがオレが」と利己的な思惑を持って仕事にあたることは、会社への貢献度を下げることになる。会社からみてマイナス評価にすらなりえます。

「売上げトップになりたい！」というのは結構な話ですが、そのためには周りのことは一切気にしない。そんな自己中心的な欲望に、周囲の人が「協力したい！」と思うでしょうか。もっといえば「お前の欲望のために、オレに犠牲になれというのか？」とすら感じる人もいるでしょう。結果、自己チューな人間は協力を得られず、大きな仕事は任せられません。**自分だけではなく、周りの仲間、会社のため、社会のためにもなるように行動しましょう。前出の「串団子」です。**

利他的に動く人は、自己チューな人とは逆に、多くの協力者を得られます。世の中の多くの人のニーズに即しているから当然です。また利他的な人は、自分の成果より会社、あるいは社会への貢献が前にあるから、他人の助言を聞き入れることに抵抗がありません。これも強み。集合知によって、大勢の良き知恵とアイデアが集まりやすくなるわけです。

逆に「オレがオレが」という自己チューな人は、そうした助言を素直に聞き入れられません。利己をつきつめれば、「周囲の利益は関係ない。他人から奪ってでも自分が成果を出したい」と「ゼロサム」の考えになりがちだから、他人はすべて競合になる。助言など、いらぬおせっかいにしか感じない。それではうまくいかないわけです。

「素直さ、謙虚さ」と「串団子」を意識して行動してください。

○
20代を後悔しないために
▼
「社会のため」が結局「自分のため」になる

正しい考え方 ①

SECTION_03

ワン・フォア・オール

「タダでもいいから働かせてください！　御社で学びたいのです!!」

私が経営しているコンサルティング会社には、稀にこういう方が来られます。学びに対する高いモチベーション。ひるまない行動力。そこまではすばらしい。

しかし、即刻、帰って頂きます。我が社にしたら〝最もいらない人材〟だからです。

会社が欲しいのは、タダで働いてくれる人間ではありません。会社に貢献してくれる人間こそ、お金を払ってでも欲しいのです。

タダでいいから働いてやる、という発想は自己中心的なエンジンで走っている証拠。そもそも弊社では、経営セミナーなどを開催しています。「タダで学びたい」など、あつかましい話でしかないのです。そういう方には、「お金を払ってセミナーに来てください」と申し上げています。

何度でもいいますが、「自己中心的」なビジネスパーソンは大成しません。自分しか見ていない人に、お客さまのニーズや世の中のニーズなど分からないからです。雇用側は、そうした人間を敏感に嗅ぎ分けて、スクリーニングします。会社から得られるものだけを考えるのでなく、会社に貢献してくれる人材が欲しいのです。そういう人には、喜んでお金を支払うのです。だから経営者の多くは「団体競技をしていた人間」を欲しがる傾向があります。ラグビーでは「ワン・フォア・オール、オール・フォア・ワン（一人はみんなのために、みんなはひとりのためにある）」をモットーとしています。

会社が欲しいのは、個人成績もあげながら、チーム全体のことを考えてくれる人です。先にも述べたように、自己犠牲を求めているのではなく、自分を最大限に活かしながらチーム全体に貢献してくれる人が望まれるのです。社長の仕事は、団体競技の監督と同じで、それぞれに頑張ってもらって、チームに勝利をもたらすことです。

勉強への意欲、旺盛な行動力。さらに「正しい考え方」も忘れずに身につけてください。個人の成績向上とともに、団体への貢献。ワン・フォア・オールの精神がチームプレイには必要です。

20代を後悔しないために

▼

自己啓発はあくまでも手段

正しい考え方
①

SECTION_04

高い報酬を払いたくなる人とは

あなたは「給料とは何か?」と聞かれたら、何と答えますか?

「労働の対価」。正しいです。

「利益を再分配したもの」。なるほど。すばらしいですね。

ただし、20代の皆さんにはしつこいようですが、経営者から見た視点を持って頂きたいところです。経営者から見た給料。それは「支払うもの」です。被雇用者からしてみたら、給料は「もらうもの」でしかありません。

しかし、雇用側からみるとそれは反対。「支払うもの」です。経営者からしてみたら、せっかくお客さまから頂いたお金を払うのだから、会社に貢献している人にできるだけ支払いたいと思うのです。

もちろん、経営者もできるだけ社員に給与を支払いたいのですが、貢献に対して支払いたいのです。**給料を〝もらう〟などという発想より〝会社に貢献して稼いでいる〟という**

感覚の社員が望ましいのです。

一歩踏み込んで、経営者と同じ目線に立つのです。

「給料は稼ぐものだ」と認識するわけです。それはお客さまに製品やサービスを提供した対価であり、働く仲間を助けた対価なのです。社会に、働く仲間に、会社に貢献した結果、得られるものです。

先に、時間とお金は、使われるのではなく、使うものだとお伝えしました。

もうひとつ、お金に関しては「稼ぐもの」なのです。「もらう」「頂く」という考えを捨て去れば、もっと謙虚に、しかし前向きに、そして何より高いモチベーションをもって日々の仕事にあたれるはずです。そして、会社が欲しいのは、そんな人材です。「この人にはもっと給料をあげたい」と喜んで利益を還元したくなる人なのです。

給料だけではありません。「勉強させてもらう」「成長させてもらう」「機会をもらう」。その謙虚な姿勢は評価できますが、結果をともなわなければ会社は満足しません。

会社は、もらうだけでなく、会社に何かを与えてくれる人が欲しいのです。

○ 20代を後悔しないために

▼

給料はもらうのでなく、稼ぐもの

正しい考え方 1

SECTION_05

「いいとこの出」には苦労をさせる

ビジネスの現場は、教科書どおりにいかないことの連続です。

同じチームのメンバーに、座学で学んだマネジメントのノウハウが通用しない。マーケティング理論に沿って盤石で臨んだ販売戦略が、まったく効果を示さない。

そんなことは日常茶飯事。しかし、20代の駆け出しの頃は、その時々に戸惑ってしまうものです。ズバリ、経験が足りないから。30代、40代で現場を知っていれば、当然のことに思えることも、経験が浅いと、混乱する。「教科書と違う」と感じるからです。

とくに気をつけたいのが、いわゆる「いいとこの出」の人ではないでしょうか。有名大の付属幼稚園を出て、中高一貫校に進み、東大などの難関校を卒業した優秀な人たちです。

こうした方々の多くは、いうなれば〝純粋培養〟されてきた確率が高いからです。

小さい頃から勉強する環境を整えられ、比較的レベルの高い学友たちとつるんできている。親も裕福でモラル意識も高い。「似たような良質な人々」だけが揃った場所にしか慣れていないともいえるわけです。

しかし、世の中は、多様な人々が共存しているものです。同じ職場にも取り引き先にも、全く違う考え方とリテラシーを持った人がいて、彼らと協力していかなければ、仕事はできません。そして大きな仕事ほど、大勢の人と関わらなければならないわけです。そんな時に純粋培養された人ほど、いちいち戸惑い、傷つく。挫折することもあります。

問題は、このタイプの多くが、実力は低くてもプライドが高いこと。「オレは賢いのになぜうまくいかない？」と身勝手に憤ったり、「自分より頭が悪いくせに、なぜ偉そうにする」と上司や先輩と対立してしまうのです。やっかいな考え方は、20代のうちに、抜けだしておきましょう。

20代を後悔しないために
これまでの人生で会わなかった人とあえて接する

方法は一つ。**違う職業、違う学歴、違う階層の人たちと積極的に触れ合うことです。**イギリス王室の子供は、兵役やボランティアの義務を背負います。上に立つ者ほど社会を知る必要があるからです。ボランティアでもサークルでもいい。自分が住む世界とは違う場所に身を置き、違う人たちと触れ合うことです。世の中の多様性を知ることができます。

正しい考え方①

SECTION_06

親の甘やかしが子をダメにする

実は、私の長男はみなさんと同じ、20代のビジネスパーソンです。

今は愛知県内のメーカーで働いていて、たまに会います。しかし、別段、何かを施すことはない。私は仕事柄それなりに企業の方々と多くのご縁を持っていますが、就職に関しても、知っていることは少し教えましたが、長男に何も紹介などはしませんでした。自ら考え、自ら動け——。子供にはそう伝えることこそが、親としての正しい態度だと考えているからです。

今の20代は、甘やかされた世代です。 私自身も含まれているから言えるのですが、皆さんの親御さんの年齢は50代が中心でしょう。仮に30歳の頃に子供ができて、その子が25歳だとしたら、親は20～30代の頃にバブル絶頂期を味わった世代です。日本の成長と共にすくすく育ち、売り手市場の中で入社している。その後、90年のバブル崩壊から、失われた20年に入っていくわけですが、社会に出てからビジネスパーソンとして円熟期に入るまで、一番いい頃を謳歌した方が多い。

社会全体も豊かになりました。この豊かさが子供に過剰に手をかけることになりました。悪くいうと、子供を甘やかしてしまった親が多いのです。

学校教育もいわゆる「ゆとり教育」が叫ばれた頃で、どうしても競争がゆるやかな中で育てられました。よくいえば、まっすぐで穏やかな人が今の20代の特徴となったわけです。そして、そのことが自立性や自発性を大きく損なわせてきたといえるでしょう。

では、どうすればいいか？　**手っ取り早く、親離れすることです。**未だ実家で親と暮らしているなら、家を出て一人暮らしをすることもひとつの手段です。よき環境、かつ純粋培養の環境をつくってくれたのは親御さんです。そこから物理的に離れれば、自立心は自然と芽生えます。

いずれにしても、仕事に打ち込むことです。そして、仕事でまず自立することです。**能力的にも経済的にも自立し、親に頼らない、もっと言えば、親や会社を支えるような人になることです。**

20代を後悔しないために
▼
まず、仕事で自立する

正しい考え方 ①

SECTION_07

ひねくれず「素直」でいる

環境が人をつくります。

それは、繰り返し言ってきた通りです。

ただし、その環境によってどのように人が作られるかは、決してワンパターンではありません。

裕福な家に育ち、何の苦労もなく育った人もいる一方で、極めて貧しい家に育ち、学びの機会も得られなかったことをエネルギーにして「絶対に成功してやる！」と勉強や仕事のエンジンにして、大成功した実業家も枚挙に暇がありません。

順境であろうが逆境であろうが、大切なことは「素直さ」です。堅強な気持ちです。

素直な人は、目の前の事象をありのまま受け入れます。

例えば、貧しい家に育ったという「逆境」。**逆境に育った人はたくましいですが、素直さがなくなると卑屈になります。**

素直な人は、不遇で得た力を自分の力にするわけです。

逆に順調はうぬぼれを生みます。順境に育った人がうぬぼれずに謙虚に生きれば、もともと持った良さを発揮することができます。

ビジネスも同じ。

環境がどうであれ、素直な人は、必ず伸びます。

例えば、それは「上手な憧れ方」となって表れます。会社に優秀な先輩がいたとき、素直な人は「すばらしい力を持つ人だ。やり方、考え方をマネてみよう」とまっすぐに相手を認め、また自分に取り入れようとする。すると相手からもかわいがられ、吸収も早い。

しかし、同じ先輩に「デキる男を気取りやがって…」などと嫉妬心をいだき、斜に構えた態度をとっていたら、煙たがられると同時に学ぶことは何もできません。一歩たりとも成長できないどころか、その先輩に目をつけられ、足を引っ張られるかもしれません。

素直でいるために最も大切なことは、反省することです。自分が素直で謙虚でいるかを常に省みる姿勢が大切なのです。

○

20代を後悔しないために

▼

どんな状況でも「素直」でいる

正しい考え方
1

SECTION_08

残業をあてにせず成果を出す

残業をいとわず、バリバリと徹夜で仕事する人間——。多くの人が勘違いしていることですが、会社はそんな人間が大嫌いです。**定時に来て、定時に帰る。それでいて成果を出す。会社が好きなのはそんな人です。**社員の残業は会社にとってコストでしかありません。残業代もかかるし、勤務時間の削減が世の流れなのに逆行することになる。世間的にも悪いイメージとなるからです。社員の健康や家庭にも問題が出かねません。

何度も言いますが、会社が重視しているのは「アウトプット」です。社員が遮二無二がんばることではない。もちろん、ダラダラと残業することでもない。むしろ、いまこの時代に残業を強いるような上司や、残業を美徳とするようなことを言う先輩がいる会社なら問題は小さくありません。どんなに才能のある人も、志の高い人も、「正しい努力」をしないと、間違った方向に進んでしまいます。

時間をかければいい仕事ができるというのは幻想で、間違った努力の元凶となる考え方です。とくに知的労働者の仕事は、それまでの勉強や経験が大きくものをいうので、その場で残業してもどうにもならないことが多いのです。普段の準備と工夫です。

仕事は定時で終わらせる。決められた時間の中でアウトプットをしっかり出すことです。

私は銀行でM&Aの仕事をしている頃も、あまり残業をしませんでした。ニューヨーク支店との打ち合わせが頻繁で、昼夜が反対の都市なので、国際電話をするにもタイミングが大変ではありました。東京が深夜の頃にニューヨークが朝なので、同僚の中には会社に残ってニューヨークと電話で打ち合わせをしてからタクシーで帰る人もいました。しかし私は夕方ロンドンと話をした後、帰宅し家族と食事し、子供をお風呂に入れた後、深夜自宅からニューヨークに電話して打ち合わせをしていました。仕事を持ち帰ることを嫌う人もいますが、家族との貴重な時間を得るほうがメリットが高いと考えました。しっかり食事と休息、睡眠もとれました。目先の残業代より得られるものが豊かだと考えたからです。20代のうちから「何が本当に必要なのか」を頭の片隅にいれながら、時間を使うことです。残業とは、会社にとって家族にとって何なのかを考えて働いてください。

20代を後悔しないために

▼

短時間で最大のアウトプットを出せる生活をデザインする

BOOK LIST_6

「正しい考え方」を学ぶ
ブックリスト

▼

『道をひらく』(松下幸之助　PHP研究所)
『素直な心になるために』(松下幸之助　PHP文庫)
『生き方』(稲盛和夫　サンマーク出版)
『論語の活学』(安岡正篤　プレジデント社)
『中国古典の知恵に学ぶ　菜根譚』
(洪自誠　ディスカヴァー・トゥエンティワン)

CHAPTER7

正しい考え方

2

「一人前」は
二流の
別名にすぎない

CHAPTER7

正しい考え方 ②

SECTION_01

GOODはGREATの敵である

20代の後半くらいで、ピタリと成長がとまる人がいます。

「このペースでいけば、ものすごいビジネスパーソンとなり、社内でどこまで出世するか…」と期待されていたのに、突然、成長が止まるタイプです。

このタイプには、実は分かりやすい特徴があります。

器用な人です。「若い頃から、てきぱきと仕事を終わらせることができた」というタイプです。

器用でない人は人より仕事が遅いので、努力を続けます。工夫もします。努力や工夫をして、「もっとうまくやるにはどうすれば」とあれこれ試行錯誤する。初速は遅いですが、自分が器用でないことを知っているので、努力を続けるのです。

しかし、器用な人はこの四苦八苦がありません。早く一人前になるので、周りもちやほやします。自分でも「仕　事なんてちょろいもんだ」と感じ、意識せずとも驕りが生まれます。早く一人前になりますが、その後、努力しなくなるのです。

いうなれば**「GOOD」は「GREAT」の敵なのです。**

一人前というのは一流と違います。一人前は二流になっただけです。

一流になるには、さらに努力が必要なのです。半人前は三流ですが、半人前のうちは皆必死です。格好悪いし、周りに迷惑をかけるからです。でも、その必死さが半人前の良さです。半人前で必死さのない人は芽がありません。

しかし、**多くの人が一人前（＝二流）になったときに必死さを失います。**だれも文句を言わないからです。少なからぬ人がそれで十分と勘違いしてしまいます。だから一流になれないのです。

一人前になってからが勝負という気持ちが必要なのです。

本当に必死さが必要なのは、一人前になってからなのです。

20代を後悔しないために
▼
安心がGREATへの壁になる

正しい考え方 2

SECTION_02

「なれる最高の自分」をめざす

自己実現というのを私は「なれる最高の自分になること」だと思っています。「なりたい自分になる」大前提が「なれる最高の自分」を目指すことだと考えているのです。

「こんな人間になりたい」

「あの人のようになりたい」

理想を追い求めているのは悪いことではありません。あこがれは大切です。

しかし、**あなたは、結局あなた以上の何かにはなれません。そして、残念ながら、多くの人が「なれる最高の自分」にもなれていないのです。**

その最大の原因は、それを目指さないことです。先にも述べたように、一人前で満足するからです。なれる最高の自分を目指さなければ、それにはなれません。「散歩のついでに富士山に登った人はいない」のです（172ページ参照）。

そしてもうひとつ、なれる最高の自分になるために必要なのは、前向きに生きることです。否定的に、ネガティブに考えていては、なれる最高の自分にはなれません。

前向きに考えて、どんな仕事でも、どんなときでも自分が持っているポテンシャルを、余すところなく発揮する。そして反省する。

「いま自分は、ギリギリまで力を出し切っているか」

「本当に、これが自分が出せる最高のアウトプットなのだろうか」

まあまあ、そこそこ、とりあえず仕事をこなしているだけではないのか。常に自分を振り返るのです。

20代のときから精一杯力を出してください。

その習慣はその後きっと大いに役立つはずです。

20代を後悔しないために
▼
一人前で満足せず、前向きに、なれる最高の自分を目指す

正しい考え方 ②

SECTION_03

イヤな部署・上司についたときこそ貢献する

どうしても合わない部署に配属になる。

どう考えても合わない上司の下につく。

そんな悩みを持つ方には、私は、よほどブラック企業じゃない限り、「まずはしっかりその場所で貢献しなさい」と薦めます。自分にとって好ましくない部署に配属されれば「このままではキャリアパスが塞がれる…」などと不安を感じることは当然あるでしょう。だからこそ踏ん張るのです。

ここでも経営者の視点で考えてください。

好きじゃない部署だから…と手を抜いて仕事をする人間と、好きじゃない部署だが、一生懸命働いて成果を出す人間。二人がいたとして、次の異動のときに、上司や人事部はどちらを良い部署へ抜擢すると思いますか？

気に食わないから、嫌だから…といって、すねるのは子供がすることです。玩具を買って欲しい程度なら、少しすねれば親御さんは折れたかもしれません。

しかし、会社はお母さんではありません。そんな人には優遇したくないのが人情です。相手の気持ちになれば簡単に分かることです。むしろ日の当たらない場所でも一所懸命やっている人こそ、日の当たる場所につれていきたくなる。それは至って当たり前の話です。

「イヤな部署で成果を出してしまうと、ずっとそこに押し込められるのではないか？」

そんな不安を抱く方もいるようですが、全くもって逆の話。

今やどこの会社も、人材に余裕などありません。いい人材を日の当たらない場所にひきとめておく余裕などない。どんどん活躍してもらわなければならないからです。

苦手な上司に関しても、同じです。文句を言う前に貢献する。「俺が（その上司を）出世させてやる」くらいの意気込みで、よい結果を出す。そうすれば、次のステージが用意されます。

逆にいえば、それくらいの実力がない人間が、「上司が」「部署が」などとつべこべ言うなという話でもあるのです。

20代を後悔しないために

▼

くさる、すねる前に「他者目線」になって貢献する

正しい考え方
②

SECTION_4

他社で通用する実力をつける

大企業の社員が、中小企業に転籍、出向などをしてくると、たいていの場合、突然、「使えない人間」になることが多いものです。なぜだか分かりますか?

やる気を失う人が多いから?

周囲の嫉妬心を買うことになるから?

違います。**そもそも「実力がなかった」からです。**大企業に入社した時点では、そこそこデキた方が多いと思います。それなりにいい学校を出て、若干の優秀さを持っていたからこそ大企業に入れた。

しかし、そこで勘違いする人が多いのです。給料もそこそこもらえて、仕事もそこそこできる。大企業の名前があれば、社会的信用度も上がる。社名だけである程度の「仕事ができる人」と判断されやすいからです。

そんな環境で10年も20年も過ごしていれば、完全に「大企業」というブランドで仕事をする人間の完成です。

しかし、そのブランドを脱がされたときには、何も残らない。

実力だと思っていたものは、所詮、大企業のブランドでしかなかったと気づくのです。

真に実力のある人は、企業の大小に限らず、どこにいても輝くものです。

いわばどこにいっても使える実力を積み上げてきているのが、本当のデキる人。

例えば、イチロー選手は草野球チームに入ったら100打数100安打できるでしょう。ヤンキースというユニフォームで仕事をしているわけではないからです。

大企業につとめている20代の方は、本当の実力をつけることを強く意識して過ごして下さい。他社でも通用する実力です。M&Aも盛んになり、あらゆる業界で統合再編が進んでいる。何度も言っているとおり、人間がいらない仕事、いらない職種もこれからどんどん増えるでしょう。その結果として、5年後、10年後、今着ているユニフォームが変わる人は大勢いるはずです。そのときに、あなたは実力を発揮できているでしょうか？

会社が一番欲しいのは、他社でも役立つ能力をもって自社で働いてくれる人です。

20代を後悔しないために
▼
会社のブランド力・信頼性と自分の評価を混同しない

正しい考え方 ②

SECTION_05

30代で引き抜かれないようでは失格

正しい考え方を身につけたうえで、目の前の仕事に打ち込み、会社に貢献を果たしていれば、あなたは輝き始めます。

その輝きは、社内のみならず、社外に届くことになるでしょう。

具体的には「うちに来てくれ」「転職を考えていませんか?」といった声がかかるはずです。先述どおり、今の世の中は良い人材の奪い合いです。優れた才能をもった人材を良い会社が放っておくはずがありません。

裏返して言えば、**30代のうちにどこからも声がかからない人は、少し生き方、働き方を考えたほうがいいのかもしれません。**準備した者だけにチャンスが訪れます。チャンスが来ないのは、正しい考え方にのっとって、一流をめざした仕事をしていないからです。

私は33歳のときに、東京銀行から岡本アソシエイツという小さなコンサルティング会社に転職しました。きっかけは出張先のニューヨークから東京に戻る飛行機の中で、偶然、代表の岡本さんと席が隣り合わせだったことです。

もちろん、ただ隣り合わせだったからといって転職を誘われるとは限りません。岡本さんがちょうどビジネスのパートナーを探しておられて、私が具体的な日本企業とアメリカ企業の買収の話をくわしく話すと、興味津々となった。またたくまに意気投合。こうしてできたご縁で、何度か食事するようになり「うちの会社に来ないか？」と誘われたのです。

私が、仕事に熱心でなかったら、いくら岡本さんと隣り合わせになっても、何も始まらなかったでしょう。

また、岡本アソシエイツにいる頃に、私は先述したカンボジアのPKOに参加しました。そのときの体験を個人的に文章にまとめていました。そんなある日、日経新聞の出版局の方が岡本さんを訪ねて来社した。岡本さんが忙しく、私が少し対応をしているときに「実はPKOに参加した」「その内容を文章に書いた」という話をしたところ、相手が興味を持ってくれ、コピーを渡すことになりました。それが私の最初の本となりました。

チャンスは準備した者の手に入る。あなたには準備ができていますか？

20代を後悔しないために
▼
「30代で声がかからなければ何かが間違っているはず」と考える

BOOK LIST_7

「一流」を知る
ブックリスト

『ビジョナリーカンパニー』
（ジェームズ・C・コリンズ他　日経BP出版センター）

『ビョナリーカンパニー②飛躍の法則』
（ジェームズ・C・コリンズ　日経BP社）

『大人の流儀』（伊集院静　講談社）

『楊家将』（北方謙三　PHP文庫）

『超訳　ニーチェの言葉』
（フリードリヒ・W・ニーチェ　ディスカヴァー・トゥエンティワン）

CHAPTER8

正しい考え方

3

「ブレない目標」が見つかる具体的な方法

正しい考え方 3

SECTION_01

目標はメジャラブルに

30歳を過ぎる頃には、さらに大きな目標を達成できる人間になりたい——。

あなたが、もしそう願うならば、今から表現を「メジャラブル」にするクセをつけてください。メジャラブルとは「測定可能な」という意味。超具体的にするということです。

例えば誰かとコミュニケーションをするとき。

「駅から遠い場所にある」ではなくて、「駅から徒歩10分ほどの場所にある」と話す。「残りは後日送ります」ではなくて「明後日の正午までに送ります」と伝えましょう。

数字などを入れメジャラブルにすると、ものごとを正確に認識できるようになります。

「駅から10分」と事前に聞いていれば、駅を出て5分ほど歩いたところで、「あと半分くらいだな」と認識できる。「明後日の正午〆切」とわかっていれば、「遅くとも明日夕方までには片付けなければ…」とスケジューリングできる。今いる場所からゴールまでの〝ギャップ〟が明確になるため、やるべきことがクリアに見えてくるというわけです。

○ 20代を後悔しないために ▼ 精神論や願望は「目標」にならない

だから、何か目標を立てるときも、数字などを入れてメジャラブルにするのです。感覚ではなく、数値によって具体的に「見える化」するわけです。

例えば、私が代表を務める小宮コンサルタンツでは、**毎月、社員全員に「今月の目標」をメジャラブルに書いてもらい、社員全員に回覧しています。**

「お客さまの満足のため、鋭意努力します」「できるだけ多く契約をとります」といった抽象的な表現は使わせません。「何円」「何件」「何日間」…。必ず数字を入れさせてメジャラブルな表現にしてもらう。すると、翌月、実際にどこまで達成したのか、何が足りなかったのか、あるいはもっとできたのではないかと、いちいち誰かが口出しせずとも目の当たりにできます。

すると「では来月はこの部分を具体的に改善しよう」とブラッシュアップできる。目標に向けた道筋とギャップ。その埋め方もまたメジャラブルになるわけです。

「いつまでに、何を、どれくらいやるか」

あなたも早速、メジャラブルな目標を掲げましょう。

正しい考え方 ③

SECTION_02

散歩のついでに富士山に登った人はいない

散歩のついでに富士山に登った人はいません。

登るにはそれなりの装備も準備も必要です。散歩のような軽装で「帰り道に寄るか…」というわけにはいきません。

もっとも、富士山を登山中の人と、その辺りを散歩している人。両者を瞬間で切り取ると「変わらなく見える」ものです。実はここが落とし穴。**一見、同じような状態でも、目的意識と準備のある人は、その後たどり着く場所が全く変わるのです。**

仕事も全く同じです。オフィスの中で働いているシーンだけ切り取れば、誰もが同じに見えますが、内に秘めた目的や目標と準備がしっかりとある人は、最終的な到達点が全く違ってきます。たどり着く場所を高めたいならまず目標を定め、それに向かって一歩一歩積み上げることです。それも具体的な目標を定めて、それをひとつひとつクリアしていくことです。そのためには、先に説明した「月間目標」も、とても効果があります。

CHART_8

同じ「一生懸命」も、目標の有無で到達点は雲泥の差になる

「富士山に登るぞ！」

（目標意識のある人）

↓

そのための準備、装備、体力を用意しているから達成できる！

目標なしに歩く

（目標意識のない人）

↓

散歩途中に思っただけなので、富士山に到達することはまずない。

正しい考え方 ③

SECTION_03

好き嫌いはあっても「普通」はない

あなたは、今の仕事を好きですか？ 嫌いですか？ 好きというなら最高ですね。嫌いというなら、その理由を深掘りして、場合によっては転職することも考えないといけないかもしれません。問題は「普通かな」「まあまあかな」と答えた方です。

本来、評価というのは「好き」か「嫌い」かしかないものです。**つまり、普通というのは「無関心」だということです。**真剣さがないのです。コンサルの仕事でも、従業員満足度などの調査で、「普通」とあるのは、無関心として判断します。それは無関心の意思表示で、会社や仕事に関心をもってもらう努力をしなければならないのです。

仕事は「好き」になるのがベストです。「嫌い」なら理由があり、原因を改善できます。突き詰めれば、必ずどちらかになるはずです。それを念頭に、まずはもっともっと真剣に仕事にあたってみてください。好きか、嫌いか、気づいていないだけかもしれません。

それでも「単純に好き嫌いを測れない」というなら質問を変えてみましょう。好きな部分と嫌いな部分を具体的に列挙してください。そうすれば、より改善点が見つかります。
ところで、

「今の仕事をしていて魂が震えるようなシーンはありましたか？」

例えば、私も仕事をしている中で、本の読者から「人生が変わりました」とか、コンサル先から「あなたのおかげで本当に会社がよくなった」と言われることがあります。それは私にとって言葉で表せない喜びです。名誉やお金などから離れた、仕事でしか味わえない達成感、満足感だと考えています。そんな瞬間があるか否かも、仕事を好きか嫌いか、天職か労働かを分ける分水嶺になるでしょう。あるいはもう一つ質問をしてみましょう。

「もう一度、生まれ変わっても、今の仕事をやりたいですか？」

私は何度生まれ変わっても、今と同じコンサルタントの仕事をしたいと思っています。それが私の天職だと思っているからです。あなたはいかがでしょう？　20代のうちにはなかなかそこまでの気持ちになれないかもしれませんが、天職と思える仕事が見つかると、人生の充実度が違いますよ。

20代を後悔しないために
▼
「普通」は無関心の別名である

正しい考え方 ③

SECTION_04

夢は足元から始まる

最後に、20代のみならず、30代、40代、50代でも60代でも、みなさんが仕事をしていく上で、覚えておいて欲しい言葉があります。

「足は大地に、目は星に」

これは私が銀行員時代に、上司から言われた言葉です。米国のルーズベルト大統領の言葉だと言われています。星というのは、「こうなりたい自分」のこと。いわばビジョンです。そうしたビジョンを見据えることは何より大事なことです。

一方で、その夢は、常に足元から始まります。ふわふわと浮わついたところから夢はかなうのではなく、足元にある現実、日々の仕事、日常の使い方によって、夢に近づくことができる、というわけです。曹洞宗に「脚下照顧」という言葉がありますが、自分の足元をしっかりと照らすということです。

一方、日々の仕事の大半は、地味なことをコツコツと積み上げていくことでしょう。しかし、その日々の積み上げを行う毎日でも、自分の星を忘れずに見ていてください。

そして、日々の生活では理不尽なことや嫌なこともあります。しかし**いくら理不尽でいやなことがあっても、世の中は、長い目でみると「公正」であることも忘れないでください。**

日の当たらないところでもコツコツと正しい努力を積んでいる人。

原理原則を学ぶために、自らの時間を勉強にあてている人。

なんでも見てやろう、と貪欲に行動し、それを会社や社会の貢献につなげている人。

世間は、そんな人を見逃しません。

もちろん、経営者も、そんな能力ある人を見逃しません。

世の中はそれほどに公正です。

準備を怠らず、くさらずに自分や社会の将来を信じて、チャンスを待ってください。

30歳になったときに20代を後悔しないために、今を全力で走り抜けてください。

正しく走り続けたとき、足元の大地は少しずつ角度を上げていきます。

そして、その先にある星が、必ずあなたのもとに近づいてくるはずです。

○ 20代を後悔しないために

▼

社会は公正の原理で動いている

BOOK LIST_8

「目標」を学ぶ
ブックリスト

『坂の上の雲』（司馬遼太郎　文春文庫）

『どんな時代もサバイバルする人の「時間力」養成講座』
（小宮一慶　ディスカヴァー携書）

『プロテスタンティズムの倫理と資本主義の精神』
（マックス・ウェーバー　岩波文庫）

ここまで20代の皆さんに、いろんなことをお伝えしてきました。私の20代を反省してのこともありますすし、多くの人を見てきてのお話もあります。私も、そしてもう20代を終わってしまった人たちも、もう一度20代を過ごすことはできません。そのときに戻りたいと思っても戻れないのです。

若いうちは時間が永遠にあるような「錯覚」に陥りがちです。しかし、そんなことはありません。私くらいの年齢（57歳）になると、そのことがよく分かります。ですから、毎日を大切に生きてください。

そして自分の「星」を見つけること。どんな自分になりたいか、「夢」をもってください。そのためには、本文でも述べたように、「月間目標」を立てることがコツです。目的や夢をまだ見いだせない人も、月間目標だけは毎月立てていってください。そうすれば自分の人生は必ず良い方向に向かっていくはずです。

20代のうちは、周りのことも気になりますね。周りに気を遣うことは大切ですが、周りに振り回されてはいけません。そのためにも「正しい考え方」を身につけることです。そうすれば強く生きることができます。それには、昔から多くの人が正しいと言ってきたことを学ぶしかありません。毎日生きているからと言って、正しい生き方を身につけている人は少ないのです。CHAPTER6で正しい考え方を学ぶための良書を推薦しましたが、そのような本を何度も読んで、自分のものとしてください。良い本は一度読んだだけでは身につかないのです。

皆さんが、自分の実力を高め、属する組織に貢献し、社会に貢献してくれることを願ってやみません。この国の将来は皆さんに託すしかないのです。ぜひ、「なれる最高の自分」を目指して、身体に気をつけながら、毎日を精一杯生きてください。

２０１４年12月

小宮一慶

本書は青春新書プレイブックスのために書き下ろされたものである

人生の活動源として

いま要求される新しい気運は、最も現実的な生々しい時代に吐息する大衆の活力と活動源である。

文明はすべてを合理化し、自主的精神はますます衰退に瀕し、自由は奪われようとしている今日、プレイブックスに課せられた役割と必要は広く新鮮な願いとなろう。

いわゆる知識人にもとめる書物は数多く窺うまでもない。

本刊行は、在来の観念類型を打破し、謂わば現代生活の機能に即する潤滑油として、逞しい生命を吹込もうとするものである。

われわれの現状は、埃りと騒音に紛れ、雑踏に苛まれ、あくせく追われる仕事に、日々の不安は健全な精神生活を妨げる圧迫感となり、まさに現実はストレス症状を呈している。

プレイブックスは、それらすべてのうっ積を吹きとばし、自由闊達な活動力を培養し、勇気と自信を生みだす最も楽しいシリーズたらんことを、われわれは鋭意貫かんとするものである。

—創始者のことば—　小澤和一

著者紹介

小宮一慶〈こみや かずよし〉

経営コンサルタント。株式会社 小宮コンサルタンツ代表。名古屋大学客員教授。十数社の非常勤取締役や監査役、顧問も勤める。1957年、大阪府堺市生まれ。京都大学法学部卒業後、東京銀行(現・三菱東京UFJ銀行)に入行。26歳で米国ダートマス大学経営大学院に留学、MBA取得。帰国後、経営戦略情報システムやM&Aに携わる傍ら独学で財務会計、管理会計を学ぶ。目の前の仕事の深掘りと将来の準備を積み重ねる20代を送る。30歳で証券アナリスト、31歳で国家資格である特種情報処理技術者を取得。岡本アソシエイツ取締役、日本福祉サービス(現・セントケア)企画部長を経て現職。2005年から09年3月まで明治大学会計大学院特任教授。おもな著書に『「1秒!」で財務諸表を読む方法』(東洋経済新報社)、『ビジネスマンのための「発見力」養成講座』(ディスカヴァー携書)、『報われない人の9つの習慣』(青春出版社)などがある。

小宮コンサルタンツのホームページ(メルマガ、ブログも配信中)

http://www.komcon.co.jp

No.1コンサルタントが教《おし》える

20代《だい》の後悔《こうかい》しない働《はたら》き方《かた》

青春新書 PLAYBOOKS

2015年1月1日　第1刷

著者　小《こ》宮《みや》一《かず》慶《よし》

発行者　小澤源太郎

責任編集　株式会社プライム涌光

電話　編集部　03(3203)2850

発行所　東京都新宿区若松町12番1号 〒162-0056　株式会社青春出版社

電話　営業部　03(3207)1916　振替番号　00190-7-98602

印刷・図書印刷　　製本・フォーネット社

ISBN978-4-413-21029-4